财务报表分析研究

印岩琦 程雅丽 陈力 著

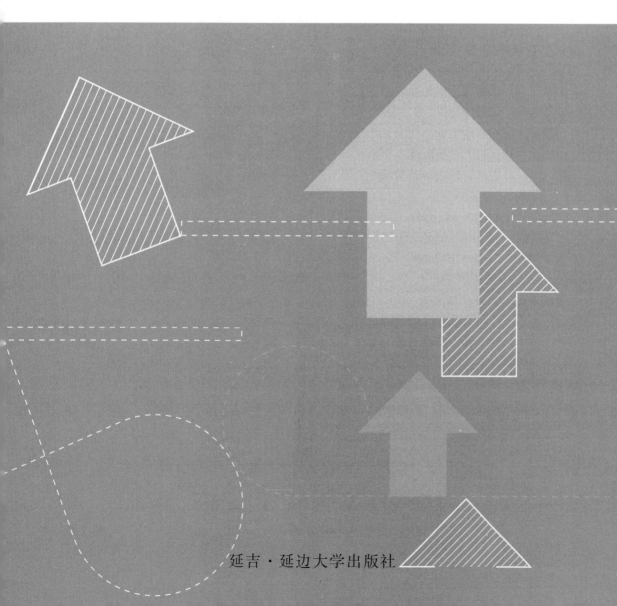

延吉·延边大学出版社

图书在版编目（CIP）数据

财务报表分析研究 / 印岩琦，程雅丽，陈力著.

延吉 ： 延边大学出版社，2024. 9. -- ISBN 978-7-230 -07134-5

Ⅰ. F231.5

中国国家版本馆 CIP 数据核字第 2024QR9252 号

财务报表分析研究

著　　者：印岩琦　程雅丽　陈 力
责任编辑：董德森
封面设计：文合文化
出版发行：延边大学出版社
社　　址：吉林省延吉市公园路 977 号
邮　　编：133002
网　　址：http://www.ydcbs.com
E - m a i l：ydcbs@ydcbs.com
电　　话：0451-51027069
传　　真：0433-2732434
发行电话：0433-2733056
印　　刷：三河市嵩川印刷有限公司
开　　本：787 mm×1092 mm　1/16
印　　张：10.25
字　　数：200 千字
版　　次：2024 年 9 月　第 1 版
印　　次：2025 年 1 月　第 1 次印刷
ISBN 978-7-230-07134-5

定　　价：68.00 元

前　　言

国内外经济环境的变化，我国市场经济的深入发展，以及财政、税收、会计等法规制度的不断完善，对财务会计和管理工作提出了更多、更高的要求，也促进了财务会计管理理论与实务的发展。随着经济全球化和世界经济一体化进程的加快，会计的职能也在不断地进步与变化。在某种程度上，科学技术的飞速发展刺激着会计职能的深刻变革，新的经济形势赋予了会计新的使命，对会计提出了新的要求，传统意义上的"确认、计量、记录、报告"的核算型会计职能已经发展到了"评价、监督、分析、预测、决策"的管理型会计职能。会计工作要求会计人员不仅要有基本的计算和记录能力，而且要有职业判断能力、综合分析能力。

中国经济进入新常态后，社会主义市场经济体制不断完善，市场环境不断优化，企业在逐渐扩大规模的同时，面临的竞争压力也越来越大。财务报表分析是以财务报表（资产负债表、利润表、现金流量表）以及财务报表附注等相关资料为基础，通过对各类财务指标的分析，运用特定的方法，对企业的经营活动、投资活动和筹资活动，以及对企业的偿债能力、盈利能力、发展能力和营运能力进行评估的过程。

随着市场经济的繁荣发展，企业竞争越来越激烈。对于企业来说，财务管理是其重点工作内容，企业的财务管理工作关乎企业的竞争力。然而，许多企业在财务管理工作中对财务报表分析的重要性认知不足，给财务管理带来了不良影响，甚至制约了企业的现代化发展。基于此，本书将重点论述财务报表分析的重要性，并对加强会计人员财务报表分析能力提出相关建议。

目　录

第一章 财务报表分析概述

第一节 财务报表分析的起源和发展

从整个世界范围来看，财务报表的产生需要从复式记账法谈起。但在我国，一般认为商周时代为中式会计的奠基时期和萌芽时期；西汉时代的"计簿"是我国会计报告的早期形态；唐宋时期，会计报告得到进一步的发展和完善；清朝乾隆至嘉庆年间，财务报告在编制方面取得了进步，被称为"结册"和"红账"。

一般认为，财务报表分析起源于 19 世纪末 20 世纪初的美国，最早的财务报表分析主要是为银行的信用分析服务的。我国的财务分析思想出现较早，但真正开展财务分析工作是在 20 世纪初。然而，由于西方发达国家较早认识到财务报表及其分析的重要性，财务报表分析的相关理论和技术进步很快，财务报表分析已成为一门相对独立的应用科学。

一、财务报表分析的起源

财务报表分析是美国工业发展的产物。在美国工业大发展之前，企业规模较小，银行根据个人信用发放贷款。然而随着经济的发展，企业的业务日益扩大、组织日趋庞大与复杂、所需资金日益增加，向银行贷款的数额也相对增加。在 1883 年的经济危机中，企业用假账向银行贷款，造成贷款无法收回，企业破产倒闭，同时也连累贷款银行。于是，银行家们就更加关注企业的财务状况，特别是企业是否具有偿债能力。1898 年 2月，美国纽约州银行协会的经理委员会提出议案，要求所有的借款人必须提交由借款人签字的资产负债报表，以衡量企业的信用和偿债能力。1900 年，美国纽约州银行协会发布了申请贷款应提交的标准表格，包括部分资产负债表。此后，银行开始根据企业资产和负债的情况来判断企业对借款的偿还能力和还款保障程度，并且提出了诸如流动比率、速动比率等一系列的比率分析指标，作为判断企业偿还能力的依据。例如，一位美国学者建议使用财务比率法来评价企业的信用，以降低贷款的违约风险。美国学者白利斯在《管理中的财务和经营比率》一书中首次提出并建立了各行业平均的标准比率，自此人们开始普遍使用标准比率进行横向财务比较。吉尔曼在《财务报表分析》一书中提出，由于财务比率和资产负债表之间的关系难以明确，比率分析的作用是有限的。同时，他还主张运用趋势分析法进行预测。在这种背景下，产生了通过分析、比较财务报表中的数据以了解企业信用的财务报表分析。

（一）信息分析与财务报表

财务报表分析本质上是对财务报表数据的利用和再加工，是信息分析在会计领域的应用。20 世纪 80 年代末，美国著名信息学家德邦思等提出，"人类的认识过程可以表述为：事件→符号→数据→信息→知识→智慧"。这个连续的统一体中的任一组成部分，都产生于它的前一过程。如果财务报表是通过再确认将以一定的记账规则记录下来的经济数据转换成财务报表信息，那么财务报表分析就是对这些信息进行分析和利用从而形成的有用的知识。其实，对经济活动的信息分析早已有之。在人类历史上，产品出现剩余并产生了交换需求之后，对劳动和实物的计量与分析就已经存在。另外，财务报表分析的信息载体——财务报表，在 19 世纪末之前就已经在美国出现了。例如，随着企业规模的不断扩大，越来越多的利益相关者开始关注并参与企业的经营活动，但是这些利益相关者又无法直接接近企业的总账，于是就产生了单独编制财务报表的需求。17 世纪股份企业的出现，使利益相关者对财务报表的需求更加强烈。财务报表最初是为了从算术上验证总账余额的正确性而编制的，到了 19 世纪初叶，财务报表由向债权人报告发展为主要向股东报告，并且政府也开始对公布的财务报表加以管理。

（二）英国财务报表

现代财务报表的主要形式源自 19 世纪的英国。在"南海泡沫"事件发生 100 多年后的 1844 年，英国颁布了《合股企业法》，要求企业必须向股东公布已审计的资产负债表。而这种标准格式的资产负债表不仅仅是对总账余额的简单罗列，而是有分析地对资料加以排列。报表首先要将出售股票带来的永久性资本和收入产生的永久性资本区分开来。此外，这种报表又根据英国古典经济学家的思想将流动资产和流动负债与固定资产和固定负债区分开来。"南海泡沫"事件使英国政府在长达一个世纪内禁止设立股份企业发行股票，当股份企业再次在英国出现，这种经审计的资产负债表首先要解决的问题就是防止欺骗投资者，稳定资本市场。财务报表使用者阅读和分析财务报表的首要目的就是避免陷入金融诈骗。而这种资产负债表的内容和格式清晰地说明了19世纪英国股东对财务报表的需求以及所使用的分析方法。

（三）美国财务报表

在美国，资产负债表同样也是早期最主要的财务报表，但是，产生的原因与英国的资产负债表却不相同。英国的资产负债表是通过向股东报告管理责任而发展起来的，对财务报告的分析也主要是由股东来完成的。19世纪美国的股份企业大多数是小型的，大部分资本不是通过发行股票获得，而是依靠银行的短期借款筹集的。资产负债表主要以银行家为直接对象，银行对资产负债表的格式要求和财务报表分析成为美国财务报表分析的起源。这个时期，美国的银行家们认为债务人在贷款到期时的偿还能力与收益能力无关，而是与存货变现能力有着密切的关系，因此财务报表分析只重视流动性，而不重视盈利性。在这样的背景下，产生了以流动比率指标为代表的信用分析，其中，美国著名的银行家亚历山大•沃尔创立了比率分析体系。但是，几乎与美国信用分析的产生同步，伍德•罗克在1990年的《铁路财务报表分析》一书中将财务报表分析引入了投资领域。该书使用了诸如经营费用与毛利比率、固定费用与净收益比率等现代财务分析方法来评价当时的铁路行业经营状况。由此可以看出，美国财务报表分析不仅仅起源于银行业的信用分析，与铁路行业的投资分析也密不可分。

通过上述分析可以得出：财务报表分析并不是起源于19世纪末至20世纪初的美国，也并不仅仅始于银行业对贷款企业的信用分析，而是由于不同国家的经济环境不同，对财务报表的信息需求不同，导致财务报表分析出现。财务报表分析的起源几乎与财务报表的产生是同步的。当财务报表第一次出现时，必然需要以某种方式对其进行解读，将财务报表信息转化成有用的知识，于是就产生了财务报表分析。但是只有形成了一定的财务报表信息的解读方法之后，财务报表分析这门学科才得以形成。

二、财务报表分析的发展

不同的学者对财务报表分析的发展阶段看法不一。有的学者认为财务报表分析产生于 19 世纪末 20 世纪初，至今已有 100 多年的历史。在不同的时期，财务报表分析的重心有所不同，从最初的信用分析、投资分析发展到后来的内部分析。也有的学者将财务报表分析划分为三个发展阶段：第一阶段是 20 世纪中期及以前，以比率分析为主体；第二阶段是 20 世纪中期至 20 世纪后期，以财务预测分析为主体；第三阶段是 20 世纪后期及以后，以资本市场为主体。

本书从财务报表分析目标演进的角度分析其发展。在不同发展阶段及不同的经济环境下，利益相关者或财务报表的阅读者对财务信息的需求不同，使财务报表分析产生新的目标，或者已有旧的目标重新进入人们的视野，进而推动着财务报表本身和财务报表分析的发展变化。在不同的信息需求下，为了实现不同的财务报表分析目标，财务报表分析理论和方法体系不断完善，进而形成了如今丰富的财务报表分析体系。

（一）以了解企业基本财务状况为目标的信用分析

自余额账户逐渐演变为资产负债表，财务报表分析便伴随着资产负债表的形成而产生了。从 15 世纪末至 20 世纪初，财务报表漫长的发展过程也是财务报表分析的萌芽阶段。这个阶段并没有科学系统的财务报表分析理论和方法，然而贷款人、股东、政府等利益相关者却对财务报表信息有着迫切的需求，人们以自己的经验和方法对总账或资产负债表进行解读。

随着世界经济中心转移，对财务报表和财务报表分析的研究也转移到了美国。到了19 世纪末 20 世纪初，美国企业在财务报表分析技术方面出现了许多重大的突破，尤其是在以银行业为代表的信用分析和以铁路行业为代表的铁路建设投资分析方面。系统分析方法的出现和一些学者的研究使财务报表分析从一般经验中逐步显现出来形成一门学科。例如，在信用分析方面，出现了沃尔的信用分析指标；卡诺在 1906 年出版的《比较财务报表》中对是否把"速动比率大致应为 2.5∶1"作为银行业放贷标准进行了探讨等等。在投资分析方面，穆迪著有《华尔街投资的方法》一书，查柏林于 1911 年出版了《证券投资原理》，查柏林在该书中采用了伍德·罗克的营业比率、毛利比率、营业费用比率等财务比率，这些比率在当时被称为经营效能比率。同时，他又提出了经营收入与各项收入的比率以及经营支出与各项成本费用的比率，以表示损益表各科目之间的构成关系。由于银行是主要的资金来源，所以这段时期的财务报表分析的重心在信用分析，其中资产负债表是最主要的财务报表。到了 20 世纪中期，财务分析家们发现，在利用财务比率进行分析时需要一些比较的标准，因此，有些学者开始研究比率的统计分布，并且开始考虑是否应该为不同类型的企业建立不同的比率标准，于是在信用分析领域逐步形成了财务报表分析的实用比率学派。

（二）以了解企业营利能力为目标的投资分析

美国银行家的"流动性主义"在 1920—1921 年商品萧条时期，经受了严峻的考验。那时，银行家们认为债务人在贷款到期时的偿还能力与收益能力无关，而与存货的变现有密切的关系。而在商品萧条时期，美国的商品批发价格减少了 40%，存货收缩到 10 亿美元，盘存商品的变现价值大大低于实际成本，现金流量减少，偿还贷款也变得困难起来。随着信用的丧失，银行家们看到了仅仅以流动性为基础的贷款政策的局限性，借款企业也认识到，仅仅依靠银行的短期贷款会使自己的资本实力在衰退时期变得薄弱。因此，大量发行股票就成为一般企业扩大规模的资金源泉。当股票发行成为外部资金的主要来源，股东成为财务报表的主要使用者时，财务分析的重心就从信用分析扩展到了投资分析，主要是盈利能力的分析，同时损益表也就成为更为重要的财务报表。

需要注意的是，由以信用分析为重心转变为以投资分析为重心，并非是后者对前者的否定，而是资本市场的发展和企业融资来源构成的变化使这一时期的财务报表分析是以后者为重心且两者并存的状况。从财务报表分析的起源可以看到，财务报表分析向来就是随着财务报表使用者对信息需求的变化而变化的。但是，由于盈利能力（投资分析的主要方面）的稳定性是企业经营稳定性和财务稳健性的重要方面，企业的流动性很大程度上取决于企业的盈利能力，同时资产的变现能力与企业的营利能力也有间接的联系，因此随着人们对财务分析的深入理解，信用分析或财务稳健性分析自然也包括了盈利能力分析。这时的偿债能力分析不仅仅局限于资产与负债之间的对比，而是把资产负债表和利润表结合起来分析。例如，所有者权益净利率，就是典型的将利润表与资产负债表结合在一起的比率指标。

（三）以预测财务失败为目标的财务预警分析

20 世纪 30 年代，以美国为代表的西方资本主义国家发生的经济危机使大量的企业破产倒闭，关于财务失败的预测成为研究的热门话题。以预测财务失败为目标的研究者将财务报表分析的重心从对历史结果的分析转向对未来的预测，被称为财务失败预测学派。该学派认为对未来事项的预测是财务报表分析的主要功能。经过长期的实证检验，偿债能力、营利能力、营运能力、资本结构和发展能力等财务比率能够对企业破产、财务失败、经营失败起到预警作用。

1968 年 10 月，威廉·比弗在著名的《会计评论》上提出了单一比率模型，首次开始研究财务危机预警模型。他认为单一的财务比率能够预测企业未来的财务状况或财务成败。他提出最为有效的比率包括现金流量总额与企业的负债总额之比——现金负债率、净收益与企业资产总额之比——利润率或资产收益率、债务总额与企业资产总额之比——资产负债率。20 世纪 60 年代，威廉·比弗和阿特曼分别采用单变量判别分析和多变量判别分析进行财务危机预测研究。20 世纪中后期，由于单一比率信息含量过少，由美国财务学家爱德华·阿尔曼创立的"Z 计分法"成为这一时期的重要代表。"Z 计分法"通过五项财务比率加权平均得到的指数对企业的财务成败进行预测。20 世纪 80 年代开始，随着人工智能和机器学习技术的发展，学者们开始将相关的技术引入财务危机预警领域。近年来，物联网、移动互联网、云计算技术的发展促使了信息的爆炸式增长，大数据概念也进入了人们的视野。人们把财务数据作为大数据的一部分，开始尝试使用数据挖掘等技术进行财务危机预警研究。

（四）以改善经营管理为目标的内部分析

起初，银行家们通过分析企业的财务报表来决定是否发放贷款，通过财务报表分析来考查贷款的安全性成为银行从业者的基本技能。后来，企业在接受银行的分析与咨询过程中，逐渐认识到了财务报表分析的重要性，开始由被动地接受分析逐步转变为主动地进行自我分析，分析的结果一方面用于应对银行家们的责难，另一方面用于企业的经营管理。尤其是在第二次世界大战以后，企业规模不断扩大，经营活动日趋复杂。商业环境的变化促使财务报表分析重心由外部转向企业内部。自 20 世纪 80 年代全球经济进入一体化与知识化阶段以来，企业越来越明显地感受到来自国内外的双重压力，市场环境变幻莫测，经营条件日趋复杂，所有企业都面临着一个难题：如何在激烈的市场竞争中求得生存并力争获胜。于是，专注于企业经营管理的内部分析不断扩大和深化，成为财务报表分析的重心。此外，内部财务分析目标更加多元化，资料的可获得性也优于外部分析，这就为扩大分析领域、增强分析效果、提高分析技术提供了前提条件。内部分析的最终目标是服务于企业战略，一个好的战略是好的设想与好的分析结合的结果。运用价值分析进行投资和管理称为基于价值的管理。首席财务官的基本任务之一就是协调各种分析并用于管理，他的责任就是做出最好的价值分析。因此内部分析的关键也落在了对价值的评估之上，这与资本市场分析有颇多的相似之处。

（五）以企业价值评估和证券定价为目标的资本市场分析

现代会计是资本市场发展的产物，现代财务报表也是更多地为服务资本市场而建立起来的。资本市场的发展渗透到了社会经济生活的各个方面，理财学也将其研究的重点转向资本市场。"有效市场假说"和"资本资产定价模型"是在资本市场中研究财务报表分析的两个最重要假说。尽管利用财务报表分析的手段不能解决企业投资价值评估的全部问题，但西方国家的实践证明，财务报表分析的确是现代投资者和证券分析师等评估企业投资价值的一种基本手段。财务报表分析是证券定价基础分析的重要组成部分，在资本市场日益发达的今天，以企业价值评估和证券定价为目标的资本市场分析逐步成为财务报表分析的主要内容。

财务报表分析产生于资产负债表分析，形成于美国 20 世纪初的信用分析。财务报表分析方法是在财务报表分析目标的不断变化中发展起来的。现代财务报表分析体系是一个多目标的分析体系，动态地看，从起初的对资产负债表状况的信用分析和一般投资分析到重视利润表的营利能力分析，从筹资分析、投资分析、内部经营管理分析，到企业价值评估、证券分析、并购与重组分析等，财务报表分析不断扩大分析的目标和内容。有趣的是，财务报表分析起源于对资产负债表基本状况的一般了解，然而随着资本市场的发展和"现金流量""公允价值"等概念的日益重要，如今财务报表分析的重点和难点又回归到了资产和负债，只不过要解决的是估价、战略分析等问题，如资产定价、企业价值评估等。

第二节 财务报表分析的概念、目的、作用及内容

一、财务报表分析的概念

在美国财务分析形成初期，财务分析的主要对象是财务报表，真正意义的财务报告还没有形成，财务分析相关著作通常采用财务报表分析这一名称。例如，1928 年亚历山大·沃尔与邓宁合著的《财务报表比率分析》，以及沃尔 1930 年出版的《财务报表分析》和 1936 年出版的《如何评价财务报表》等。虽然在 20 世纪 70 年代，财务报表拓展为财务报告，但由于历史传统和使用习惯，美国学者近些年也经常使用财务报表分析这一名称，如利奥波德·A.伯恩斯坦的《财务报表分析》；而在日本，有关财务分析的著作大多采用"经营分析"的名称，这主要是由于历史上受德国传统影响比较大；苏联则经常采用"经济活动分析"的概念；中华人民共和国成立之后，实行计划经济体制，在许多方面照搬苏联模式，财务分析也受苏联的影响较大，院校开设相关课程也常使用"经济活动分析"这一说法。20 世纪 90 年代以后，我国开始实行市场经济体制，大规模引进和学习美国财务分析的理论和方法，转而接受美国传统的影响，更多地使用"财务报表分析"，同时其他概念也并存使用。

纵观国外和国内，关于财务报表分析的定义至今尚未统一。基于不同的角度，财务报表分析有不同的定义。伯恩斯坦在所著的《财务报表分析》一书中提出，财务报表分析主要是通过对企业过去、现在财务状况、经营成果的评估，实现对企业未来的良好预测，其本质是一种判断过程。王化成在第七版《财务报表分析》一书中提出，财务报表分析是以企业财务报表及相关资料为基础、以分析主体的信息需求为目标，运用特定的分析工具和方法对企业的经营状况进行判断，以帮助财务信息使用者进行科学决策的过程。

（一）会计学中的财务报表分析与基于会计学的财务分析

1.会计学中的财务报表分析

会计学中的财务报表分析往往具有以下特点：第一，主要介绍财务报表分析的基本

方法，如水平分析法、垂直分析法和趋势分析法，对更进一步的会计分析（包括会计政策变更等对财务报表的影响分析）介绍得较少；第二，主要介绍几个重要的财务比率，没有对财务比率的体系进行论证与分析，也不进行财务比率的因素分析；第三，会计学中的财务报表分析不研究财务比率分析的应用。

2.基于会计学的财务分析

基于会计学的财务分析通常具有以下特点：第一，基于会计学的财务分析是一门独立的课程，拥有完整的理论体系、方法论体系和内容体系；第二，基于会计学的财务分析以会计报告信息分析为出发点，以影响会计报告信息的因素（特别是会计假设、会计政策、会计估计等因素）变动为分析重点；第三，基于会计学的财务分析往往将营利能力分析、营运能力分析、偿债能力分析等作为会计信息应用在财务分析中；第四，基于会计学的财务分析在处理财务分析与财务管理的关系上，往往强调财务效率。

（二）财务管理中的财务分析与基于财务管理的财务分析

1.财务管理中的财务分析

财务管理中的财务分析往往具有以下特点：第一，将财务分析作为财务管理的职能，与财务预测、财务预算、财务控制、财务评价与激励等并列；第二，将财务分析（或财务报告与分析）作为财务管理的基础，为财务管理中筹资活动、投资活动与分配活动的决策提供有用的信息；第三，将财务分析定义为财务比率分析，往往把营利能力分析、营运能力分析和偿债能力分析作为分析体系的主要内容。

2.基于财务管理的财务分析

基于财务管理的财务分析内容广泛，通常具有以下特点：第一，基于财务管理的财务分析是一门独立的课程，拥有完整的理论体系、方法论体系和内容体系；第二，基于财务学的财务分析以财务学为导向，以价值分析与量化分析技术为基础，以企业财务比率或能力分析、证券市场分析等为主要内容；第三，基于财务学的财务分析的应用领域较为广泛，包括证券定价、业绩评价、风险管理、企业重组等；第四，基于财务学的财务分析在处理财务分析与会计学的关系时，往往将财务报告作为分析的基础信息。

3.财务报表分析与财务管理

财务报表分析与财务管理都将财务问题作为研究的对象，但是两者的职能与方法不同。首先，财务报表分析的职能与方法的着眼点在于分析，财务管理的职能与方法的着眼点在于管理。其次，两者研究财务问题的侧重点不同。财务报表分析侧重于对财务活动状况和结果的研究，财务管理侧重于对财务活动全过程的研究。再次，两者分析结果的确定性不同。财务报表分析的结果具有确定性，财务管理的结果通常是不确定的。最后，两者的使用对象不同，财务报表分析的使用对象包括投资者、债权人、经营者等所有有关人员，财务管理的使用对象主要是企业内部的经营者和所有者。

（三）财务报表分析的学科定位

关于财务报表分析的学科定位问题一直存在较大争议，有人将其划为会计学，有人将其划为财务管理，还有人将其划为金融学、统计学等。财务报表分析之所以定位较难，是因为它是一门与上述学科都相关的边缘性学科，这从另一个方面也说明财务报表分析应该独立于上述学科而存在。

财务报表分析实际上是在会计信息供给（会计学）与会计信息需求（财务学、经济学、管理学等）之间架起的一座桥梁。因为在会计学与经济学、管理学和财务学等学科的关系中，都涉及会计学的发展如何满足相关学科发展的信息需求、其他学科的发展如何有效利用会计信息的问题。在会计学与相关学科关系的信息转换中，财务报表分析起着至关重要的作用。

财务报表分析是指根据相关学科或人们对会计信息的需求，将标准的会计信息分析转换为决策与管理所需要的信息；同时，又将相关学科理论与实务所需求的信息分析转换为会计应该提供的信息。从财务报表分析在会计学与相关学科关系中的地位与作用看，随着会计学的学科地位的提升和相关学科对会计学信息需求的扩大，财务报表分析将在分析主体、分析对象、分析内容上有进一步的扩展。财务报表分析不仅要满足投资者、债权人等外部信息需求者的需要，还要满足管理者、员工等内部信息需求者的需要；不仅要满足管理学理论与实务发展的需要，而且要满足经济学理论与实务发展的需要。财务报表分析不仅是一门独立的边缘性学科，而且将成为一个独立于会计学和财务管理等学科的专业。

要正确理解财务报表分析的基本内涵，需要清楚以下几点：

（1）财务报表分析是一门综合性、边缘性学科。

（2）财务报表分析有完整的理论体系。

（3）财务报表分析有健全的方法论体系。

（4）财务报表分析有系统的、客观的资料依据。

（5）财务报表分析有明确的目的和作用。

因此，"财务分析""财务报告分析""财务报表分析"是一组很难区分的概念。没有财务报表所提供的数据，就不可能有下一步的分析。如果所有分析都只是源于财务报表数据，显然很难满足财务信息的需求者。故本书将不再对这些术语加以区分。

综上所述，财务报表分析的概念有广义和狭义之分。狭义的财务报表分析是指以企业财务报表为主要依据，有侧重、有针对性地对有关项目及其质量加以分析和考量。对企业的财务状况、经营成果和现金流量进行评价和判断，以反映企业在运营过程中的利弊得失及发展趋势，为财务报表使用者的经济决策提供重要的信息支持。广义的财务报表分析在此基础上还包括企业概况分析、企业优势劣势分析、企业战略实施情况分析、企业治理透视及投资价值分析。

二、财务报表分析的目的与作用

财务报表分析的目的是通过财务报告以及其他企业相关信息对财务状况进行综合分析，得出简洁明了的分析结论，从而帮助企业相关利益人进行决策和评价。财务报表分析的具体作用如下所述：

（一）财务报表分析可正确评价企业过去

通过对实际会计报表等资料的分析，财务报表分析能够准确地说明企业过去的业绩状况，指出企业存在的问题及问题产生的原因，这不仅对正确评价企业过去的经营业绩十分有益，而且会对企业投资者和债权人的行为产生积极的影响。

（二）财务报表分析可全面反映企业现状

根据不同分析主体的分析目的，采用不同的分析手段和方法，通过财务报表分析可得出反映企业某方面现状的指标。这种分析对于全面反映和评价企业的现状有重要作用。

（三）财务报表分析可用于预测企业未来

财务报表分析对企业未来的预测主要体现在以下几点：

第一，财务报表分析可为企业未来的财务预测、财务决策和财务预算指明方向。

第二，可准确评估企业的价值及价值创造，这对企业进行经营者绩效评价、资本经营和产权交易都是十分有益的。

三、财务报表分析的内容

一般而言，与企业有经济利害关系的有关各方可以分为企业所有者、企业债权人、企业管理者、商品或劳务供应商、顾客、企业雇员、政府管理机构、社会公众和竞争对手等，这些相关人员都是企业财务报表的使用者。由于与企业存在不同性质的经济关系，上述诸方对企业财务状况关注的侧重点也就不同。

（一）企业所有者

企业所有者是企业的投资者或购买企业股票的人。一般来说，他们要做的决策往往关于是否向某一企业进行投资或是否保留其在某一企业的投资。为了做出这类决策，他们高度关注企业的获利能力以及投资风险，还会关心持有的企业股票的市场价值，以及股息、红利的发放水平等。但是，有控制权或重大影响的企业所有者，由于可以直接或间接影响企业重要岗位上的人事安排、投资决策、经营决策及股利分配政策等，他们往往关心与企业战略性发展有关的财务信息，如企业资产的基本结构和质量，企业的资本结构、市场占有率、发展前景等。

（二）企业债权人

企业债权人为企业提供了资金的使用权，但不能参与企业剩余收益的分配。因此，他们必须关注贷款的安全性。在进行财务报表分析时，他们最关心的是企业是否有足够的支付能力与意愿，以保证其本金和利息到期时能得以及时、足额的偿还，从而确认自己债权的风险程度，并决定是否马上收回债权或要求企业提供担保等。短期贷款者提供的贷款期限在 12 个月以内，他们一般关心企业资产的流动性和现金充足程度。长期贷款者提供的贷款期限在 12 个月以上，他们更关心的是企业的整体负债水平、获利能力及发展前景。

（三）企业管理者

企业管理者受企业业主或股东的委托，负责企业业主或股东投入企业的资本的保值和增值，同时负责企业的日常经营活动，确保企业支付给股东与风险相适应的收益、及时偿还各种到期债务，并使企业的各种经济资源得到有效利用。因此，企业管理者在编制完财务报表后，一定会先于其他报表使用者做财务报表分析。也就是说，企业管理者在把企业的财务状况报告给股东、债权人等之前，一定会做一个权衡，如：这段时间企业赚钱了没有？欠的债多不多？利息还清没有，能不能还清？下一步的经营有没有新的打算？企业资金能不能周转过来？诸如此类问题，企业管理者必须静心思考，做到心中有数，以便股东、债权人等问起时能够顺利应对。

总之，通过财务报表分析，企业管理者可以确认企业的偿债能力、营运能力、盈利能力、现金流量以及社会贡献能力等全面状况，以便及时发现问题，采取对策，规划和调整经营战略，并促进管理水平的提高，为经济效益的持续稳定增长奠定基础。

（四）商品或劳务供应商

商品或劳务供应商与企业的贷款提供者情况类似，他们在向企业提供商品或劳务后即成为企业的债权人。因而他们必须判断企业能否支付所需商品或劳务的价款。从这一点来说，一方面，大多数商品或劳务供应商对企业的短期偿债能力感兴趣；另一方面，某些供应商可能与企业存在着较为持久、稳固的经济联系，在这种情况下，他们又对企业的长期偿债能力感兴趣。

（五）顾客

在许多情况下，企业可能成为某个顾客的重要商品或劳务供应商。此时，顾客关心的是企业连续提供商品或劳务的能力。因此，顾客关心企业的长期发展前景及有助于对此做出估计的获利能力指标与财务杠杆指标等。

（六）企业雇员

企业的雇员通常与企业存在长久、持续的关系。他们关心工作岗位的稳定性、工作环境的安全性以及获取报酬的可靠性，同时也对企业的获利能力和偿债能力感兴趣。

（七）政府管理机构

统计机构通过对整个国民经济的财务数据进行统计和分析，可以有效地了解目前经济的发展趋势。财政、税收等机构据此有针对性地调整货币政策和税收政策等，并监督和促进企业按照《企业会计准则》及相关法律法规编制财务报表。政府除了关注国有企业投资资产产生的社会效益外，还必须考虑企业投资的经济效益，同时，通过财务报表分析，检查企业是否存在违法违纪、浪费国家资产的问题，并对企业的发展后劲及其对社会的贡献程度进行分析和考核。

（八）社会公众

社会公众对特定企业的关心也是多方面的。一般而言，他们关心企业的就业政策、环境政策、产品政策及履行社会责任的情况等方面。对这些方面的分析往往可以借助于对企业获利能力的分析。

（九）竞争对手

竞争对手希望获取关于企业财务状况的会计信息及其他信息，借以判断企业间的相对效率、竞争的优势与劣势，同时，还可为未来可能出现的企业兼并寻找信息。竞争对手可能把企业作为接管目标，因而他们对企业财务状况的各个方面均感兴趣。

尽管不同的利益主体在进行财务报表分析时侧重点不同，但还是可以得出以下结论：财务报表使用者所要求的信息大部分都是面向未来的；不同使用者的分析目的不同，即使对同一对象进行分析，从中所要求得到的信息也不同，所需的信息深度和广度更不同；企业财务报表中并不包括使用者需要的所有信息。

第三节 财务报表分析的原则、步骤和方法

一、财务报表分析的原则

（一）目的明确原则

该原则要求财务报表分析人员在对财务报表进行分析之前，必须明白分析的目的是什么，要用财务报表提供的信息解决什么问题。分析的目的决定了财务报表分析所需要的资料、分析的步骤、程序和技术方法及需要的结果。分析的深度和质量在很大程度上依赖于对所需解决问题的认识、问题的重要性、所掌握的与特定问题有关的信息类别以及信息的可靠性。

（二）实事求是原则

实事求是原则是指财务报表分析人员在分析时应从实际出发，坚持实事求是，不能主观臆断。财务报表分析人员，尤其是专业分析人员，不能为达到既定目的而利用数据造假。财务报表的分析结论应产生于分析之后，而不是分析之前。

（三）谨慎性原则

该原则要求在进行财务报表分析时，对企业的营利能力、偿债能力、营运能力等采取保守估计，宁可高估而不得低估企业的财务和经营风险。按照谨慎性原则进行财务报表分析，基本要求有两点：一是会计处理上的谨慎。在《企业会计准则》许可的范围内，企业可选择采用计提资产减值准备、成本或市价孰低法及固定资产的加速折旧法等体现谨慎性原则要求的会计处理方法，不虚增利润和夸大股东权益，从而合理核算可能发生的损失和费用，真实反映企业的经营状况。二是财务指标计算上的谨慎。一种财务指标有时会有多种计算方法，以速动比率为例，可以用流动资产减去存货的余额，再与流动负债相比计算，也可以用现金及银行存款、可上市证券和短期应收账款净额三者总额与流动负债相比计算，企业如果从谨慎性原则出发，就应该选择后者。值得注意的是，首先，谨慎性以不违背科学性为前提，企业不得为了低估偿债能力和获利能力而任意改变

指标；其次，谨慎性原则也意味着企业不可以任意歪曲事实或者隐瞒利润。

（四）统一性原则

统一性原则又称可比性原则，是指会计核算应当按照现行的会计处理方法进行，会计指标元素口径一致，提供相互可比的会计信息。这里的可比是指不同的企业，尤其是同一行业的不同企业之间的比较，因为许多因素会影响指标比较的合理性，诸如行业差异、企业规模、技术结构、会计政策及财务指标本身的计算方法等。因此，财务报表使用者应当注意寻找共同的、具有可比性的计算基础，注意财务指标以外的其他情况，使分析评价结果更有意义，不能单纯信任比较指标的结果。可比性原则的内涵还应包括，财务报表使用者在选择指标的标准值或标准比率时，一定要从企业的实际情况出发，既不能单凭经验，也不能盲目地信奉书本上的建议。如果机械地将一个企业的实际指标与书本上的所谓标准比率数值进行比较，可能会导致错误结论的产生。

（五）全面分析原则

该原则是指在分析财务报表时要坚持全面地看问题，坚持一分为二，反对片面地看问题。财务报表分析人员在分析评价时，既要考虑财务指标，又要考虑非财务指标；既要考虑有利因素，又要考虑不利因素；既要考虑主观因素，又要考虑客观因素；既要考虑内部问题，又要考虑外部问题。只有全面分析，才能客观评价企业的经营状况。

（六）系统分析原则

该原则是指在分析财务报表时要注意各项目之间的直接或间接的联系，把各个问题结合起来分析，防止孤立、片面地分析问题。分析人员在分析财务报表时，一方面要注意局部与全局的关系、报酬与风险的关系、偿债能力与营利能力的关系等，从总体上把握企业的状况；另一方面要有层次地展开分析，逐步深入，不能仅仅根据某一个指标的高低做出不正确的结论。

（七）动态分析原则

该原则要求以运动、发展的观点分析财务报表，不要静止地看问题。企业的生产经营活动是一个动态的发展过程。而财务报表提供的数据信息都是历史上某一时期企业的财务状况，当前阶段企业的经营活动和财务状况已经或多或少地发生了变化，在新的形势下，同样的投入，可能会有不同的产出。因此，要时刻注意数值的时间性，在弄清过去情况的基础上，分析在当前情况下的可能结果，使财务报表分析能够评价企业过去的经营业绩、衡量目前的财务状况和预测未来的发展趋势。

（八）定量分析与定性分析相结合的原则

定性分析是财务报表分析的基础和前提，没有定性分析就不能明确事物的本质、趋势及其与其他事物的联系；定量是工具和手段，没有定量分析就不能明确事物的数量界限、阶段性和特殊性。任何事物都是质与量的统一，因此，财务分析也要定性分析与定量分析相结合。企业面临复杂而多变的外部环境，而这些外部环境有时很难定量，但环境的变化却对企业生产的发展、投资目标的实现及企业的销售情况产生着重要的影响，因此做定量分析的同时也要做出定性判断，在定性判断的基础上，再进一步进行定量分析与判断。定性分析是财务报表分析的基础和前提，定量分析是财务报表分析的工具和手段。财务报表分析要透过数字看本质，无法定性的数据是得不出正确结论的。

二、财务报表分析的一般步骤

财务报表分析是一项技术性很强的工作，必须按照科学的程序进行，一般来讲要经过以下几个步骤：

（一）明确分析目标

分析目标是财务报表分析的出发点，它决定着分析范围的确定、资料收集的详细程度、分析标准和方法的选择等整个分析过程。财务信息有很多需求者，如股权投资者、债权投资者、企业管理部门、企业职工、行政机关、企业的供应商、企业的顾客等。不同的需求者对信息的需求有所不同，而且各个主体的决策有时是面向全局的问题，有时是面向局部的问题，有时是对问题的监督，有时是对问题的评价。只有明确财务报表分析的目标，财务分析人员才能有的放矢地开展工作，保证财务报表分析工作的效率和效果。

（二）确定分析范围

财务分析的范围取决于分析目标，它可以是企业经营活动的某一个方面，也可以是经营活动的全过程。根据成本效益原则，并不是一定要对企业的经营和财务状况的方方面面进行分析，一般都是根据自身需要有选择地进行分析，非重点内容只起参考作用。这样不但省去了许多步骤，而且可以降低分析成本，提高分析效率。通过确定分析范围，可以做到有的放矢，将有限的时间和精力集中在重点要解决的问题上。

（三）确定分析标准

财务报表分析工作是需要判断、需要比较的，判断就要有标准，标准是否合适直接决定着判断结果的正误。财务报表分析判断的标准很多，可以是行业中标杆企业的指标值，可以是竞争对手的数据，还可以是来自企业所在行业的平均值、企业的历史指标值、企业的计划指标值等，有时甚至可以是分析人员自己认定的经验值。分析的目标不同，分析人员对评价标准的选择也会不同，合适的、有利于分析的标准就是最好的。

（四）收集相关资料

分析目标和分析方案确定以后，便可根据分析工作的需要收集所需资料。资料的收集要与本次财务报表分析工作具有较高的相关性，否则既影响财务报表分析的效率，又影响财务报表分析的效果。在进行财务报表分析之前，相关工作人员应该准备好以下资料：完整的财务报表，包括资产负债表、利润表、现金流量表、股东权益变动表、财务报表附注、注册会计师出具的审计报告、公司前几年的财务报表或比较财务报表。对一般的投资者来说，这些资料已经足够了，但要进行深入分析，还需要准备同类公司的相关资料，相关行业的政策动态及数据资料，企业内部供产销各方面的信息，企业外部宏观经济形势以及国家有关的政策和法规，企业所在行业的发展状况、行业特点，竞争对手的状况，企业管理层的倾向，企业的文化、历史、发展战略等资料。分析人员获取财务资料的渠道也有很多，有的财务资料直接来自企业对外披露的资料，有的来自行业协会，有的来自统计部门及其公布的资料，有的来自新闻媒体，有的来自中介机构，有的来自企业的往来部门机构。总之，不管哪种途径，资料和信息收集得越多，越有利于分析。收集资料的工作完成后，还应对所收集的资料进行整理和筛选，去粗取精，去伪存真，使财务报表分析建立在可靠的基础之上。

（五）选择分析方法

在充分收集资料的基础上，分析人员便可着手进行分析计算。财务报表的分析方法很多，常见的有审阅分析法、比率分析法、比较分析法、结构分析法、趋势分析法等，这些分析方法各有优缺点，分析人员可根据分析目的和范围选用。可以选择其中的一种方法，也可以综合运用几种方法，对企业做出全面、客观的评价。

（六）得出分析结论，撰写分析报告

财务报表分析的最终目的是对分析对象做出评价，为经济决策提供依据。因此，在对经济指标进行计算比较后，还需把各项经济指标综合起来加以分析、比较和考查，运用专业知识和职业判断能力，对数字所揭示的问题进行解释和描述，得出分析结论并写成书面报告。财务报表分析报告应包括企业背景资料、分析证据、分析假设、关键因素、分析结论等内容。

三、财务报表分析的基本方法

对于财务报表分析来讲，其基本的功能是将大量的财务报表数据转化为对特定决策有用的信息，减少原始信息的单一性。不同的相关利益主体（或财务报表分析主体）进行财务分析的目的是不同的。例如，企业的投资者比较关注企业的资产质量以及营利能力，以便为其投资决策提供参考；债权人则比较注重企业的偿债能力，以便制定相应的信贷决策；企业的经营者则比较关注综合全面的分析，以便促进企业的发展等等。在财务报表的分析过程中，只有采取不同的分析方法，才能达到不同的分析目的。因此，分析人员需要根据不同利益主体对财务报表的不同信息需求，采取不同的分析方法，从不同的角度为决策者提供决策信息。

（一）比较分析法

比较分析法是通过经济指标在数量上的比较，来揭示经济指标的数量关系和数量差异的一种方法，是财务报表分析中最常用的一种方法。这种分析方法主要说明财务信息、数量关系和数量差异三个重要问题。通过不同数据之间的对比，总结规律并找出其与不同标准之间的差异，可以发现所分析的数据或指标的问题所在，揭示企业经营活动中的

优势和劣势，进而为相关决策提供依据。

当然，比较的标准有经验标准、行业标准、历史标准和目标标准；比较的形式可以是绝对数比较，也可以是相对数比较；比较分析方法可采用横向比较法，也可采用纵向比较法。例如，将资产总额指标与历史标准进行比较，通过差异说明企业经营规模的变化，从整体上评价企业的发展。

（二）比率分析法

比率是两个数据相比所得的值。比率分析法是将财务报表中某些彼此存在关联的项目加以对比并计算出比率，据此确定经济活动变动程度的分析方法，这种方法是财务分析中使用最普遍的分析方法。运用比率分析可以评价企业的资产、经营成果和现金流量的构成，分析其质量的好坏；也可以用来评价企业的盈利能力、偿债能力、营运能力和发展能力等内容。根据分析目的和要求的不同，比率分析法可以分为以下三种：

1.构成比率

构成比率也称结构比率，通过某项经济指标的一个或几个组成部分占总体的比重，来反映部分与整体之间的相互关系，并进一步反映相应比率指标的构成内容及变化。例如，计算利润表中各个项目占营业收入的比重，并将其同历史标准进行对比，可以分析企业利润的质量以及利润发生变动的原因，为以后的生产经营指明方向。

2.相关比率

通过把某个项目与相互关联但性质有所不同的项目加以对比，以深入反映某方面的经济活动。例如，将流动资产与流动负债进行对比，通过计算流动资产对流动负债的保障程度，反映企业的短期偿债能力。

3.效率比率

效率比率是指某项经济活动中所费与所得的比率，它反映投入与产出的关系。效率指标可以反映企业运用单位资源获得收入利润的能力，从而对企业的经营成果和经营效益进行评价。例如，将营业利润与营业成本进行对比，可以反映企业营业成本产生营业利润的能力，从而评价企业经营效益的好坏。

（三）趋势分析法

根据企业连续数期的财务报告，以第一年或另外选择的某一年份为基期，计算每一期各项目与基期同一项目的趋势百分比，或趋势比率及指数，形成一系列具有可比性的百分数或指数，从而揭示当期财务状况和经营成果的增减变化及其发展趋势。趋势分析可以采用统计图表，以目测指标变动趋势，也可采用比较法。例如，根据企业营业收入项目连续五年的数据，以第一年为基期，进行五年的增减变动统计，可以分析企业收入的变动情况及未来的发展动向。

（四）因素分析法

因素分析法是从数量上确定一个综合经济指标，分析综合指标包含的各项因素的变动对该指标影响程度的一种分析方法。因素分析法可以说明分析对象（综合指标）受何种因素的影响，以及各个因素对分析对象的影响程度，以便抓住主要矛盾，发现问题、解决问题。例如，企业原材料成本发生变动，会影响产量、产品单位消耗量、材料单价，利用因素分析法可以分析出原材料成本变动对这三个因素的影响，及其影响程度的大小。

（五）项目质量分析法

项目质量分析法主要是通过对组成财务报表的各项目金额、性质及状态的分析，找出重大项目和异动项目，还原对应的企业实际经营活动和财务活动，并根据各项目自身的特征和管理要求，在结合企业具体经营环境和经营战略的基础上，对各项目的具体质量进行评价，进而对企业整体财务状况的质量做出判断的一种分析方法。在这种方法中，财务报表分析包括资产质量分析、负债和所有者权益质量分析、利润质量分析及现金流量质量分析，通过该方法，最终进行财务状况整体质量分析。

总体上来说，前四种分析方法属于传统的财务报表分析方法，发展至今已经比较成熟。这些方法以传统的财务比率分析为主，侧重于对企业营利能力、偿债能力及营运能力等方面做出分析与评价。然而，每种分析方法都有相应的局限性。

比率分析法以财务报表数据为依据，若报表数据不真实，则计算结果很容易误导分析者，而且没有一个标准来判断比率是高还是低，即使计算出各个指标的值，也很难找到一个可以与之相比较的标准。趋势分析法一般对连续几年的财务报表资料进行分析，与分析单一年份的财务报表资料相比，这显然能获得更多信息，特别是关于企业发展趋势的信息。但由于用来分析的财务报表资料所属会计期间不同，并且数据没有经过任何处理，一旦会计核算方法改变或者受到通货膨胀等因素的影响，数据之间就会失去可比性。因素分析法是指分析几个相关因素对某个财务指标的影响的财务报表分析方法。影响某个财务指标的因素有哪些，以及各因素的影响程度难以界定，是因素分析法应用中存在的基本问题。比较分析法在实际操作时，比较对象之间必须具备可比性，然而数据是否可比受到很多条件的限制，如计算方法、计算标准、时间跨度等。在进行同行业比较时，要使相关数据具有可比性，至少应满足同行业业务性质相同或相似、经营规模接近、经营方式相同或相近等条件，这些条件限制了比较分析法的应用范围。

因此，在应用财务报表分析方法时，应该把多种方法有机整合，并不断加以完善和创新，在充分利用财务数据的基础上更多地结合其他相关信息，最大限度地分析财务比率背后的企业财务状况。只有这样，才能为财务信息使用者提供更为科学、有效的决策依据。

第二章 资产负债表分析

第一节 资产负债表概述

一、资产负债表的概念和结构

（一）资产负债表的概念

资产负债表是指反映企业在某一特定日期财务状况的财务报表。它反映企业在某一特定日期所拥有或控制的经济资源、所承担的现时义务和所有者对净资产的要求权；是根据"资产＝负债＋所有者（股东）权益"这一会计等式，按照一定的分类标准和顺序，将企业在一定日期的全部资产、负债和所有者（股东）权益项目进行适当分类、汇总、排列后编制而成的。

资产负债表可以反映企业资产的构成及其状况，帮助报表使用者了解企业在某一日期所拥有的经济资源及其分布情况；资产负债表可以反映某一日期的负债总额及其结构，帮助报表使用者分析企业目前与未来需要清偿的债务数额；资产负债表可以反映企业所有者（股东）权益的情况，帮助报表使用者了解企业现有投资者在企业资产中所占有的份额；资产负债表还可以帮助报表使用者全面了解企业的财务状况，分析企业的债务偿还能力，从而为未来的经济决策提供参考信息。

（二）资产负债表的结构

资产负债表采用账户式结构，报表分为左、右两方，左方列示资产各项目，反映全部资产的分布及存在形态；右方列示负债和所有者权益各项目，反映全部负债和所有者权益的内容及结构情况。资产负债表左、右双方平衡，即资产总计等于负债和所有者权益合计。此外，为了使使用者通过比较不同时点资产负债表的数据，掌握企业财务状况的变动情况及发展趋势，企业需要提供比较资产负债表，即资产负债表将各报表项目分为"年初余额"和"期末余额"两栏分别填列。

（三）资产负债表项目的列示

1.资 产

资产应当按照流动资产和非流动资产两大类别在资产负债表中列示，在流动资产和非流动资产类别下进一步按性质分项列示。

流动资产是指预计在一个正常营业周期中变现、出售或耗用，或者主要为交易目的而持有，或者预计在资产负债表日起1年内（含1年）变现，或者自资产负债表日起1年内，交换其他资产或清偿负债的能力不受限制的现金或现金等价物。资产负债表中列示的流动资产项目通常包括货币资金、交易性金融资产、应收票据及应收账款、预付款项、其他应收款、存货、一年内到期的非流动资产等。

非流动资产是指流动资产以外的资产。资产负债表中列示的非流动资产项目通常包括长期股权投资、固定资产、在建工程、无形资产、开发支出、长期待摊费用以及其他非流动资产。

2.负 债

负债应当按照流动负债和非流动性负债两大类别在资产负债表中列示，在流动负债和非流动负债类别下进一步按性质分项列示。

流动负债是指预计在一个正常营业周期中清偿，或者主要为交易目的而持有，或者自资产负债表日起1年内（含1年）到期应予清偿，或者企业无权自主地将清偿推迟至资产负债表日后1年以上的负债。资产负债表中列示的流动负债项目通常包括短期借款、应付票据及应付账款、预收款项、应付职工薪酬、应交税费、其他应付款和1年内到期的非流动负债等。

非流动负债指流动负债以外的负债。资产负债表中列示的非流动负债项目通常包括长期借款、应付债券、预计负债和其他非流动负债等。

3.所有者权益

所有者权益是指资产扣除负债后由所有者享有的剩余权益，即反映企业在某一特定日期内所有者（股东）所拥有或可控制的净资产的总额。所有者权益一般按照实收资本、资本公积、其他综合收益、盈余公积和未分配利润分项列示。

二、资产负债表的编制

资产负债表的编制是以日常会计核算记录的数据为基础，进行归类、整理和汇总，加工成报表项目的过程。我国企业的资产负债表主体部分的各项目都列有"年初余额"和"期末余额"栏目，是一种比较资产负债表。

（一）"年初余额"的填列方法

"年初余额"栏内各项目数字，应根据上年年末资产负债表"期末余额"栏内所列数字填列。如果本年度资产负债表规定的各项目的名称和内容与上年度不一致，应对上年年末资产负债表各项目的名称和数字按照本年度规定进行调整，按调整后的数字填入"年初余额"栏内。

（二）"期末余额"的填列方法

"期末余额"是指某一会计期末的数字，即月末、季末、半年末或年末的数字。资产负债表各项目"期末余额"的数据来源，可以通过以下几种方式取得：

1.根据总账科目的余额直接填列

根据总账科目的期末余额直接填列的项目主要有"其他权益工具投资""递延所得税资产""短期借款""交易性金融负债""应付职工薪酬""递延所得税负债""实收资本（股本）""其他权益工具""资本公积""盈余公积""其他综合收益"等。一般情况下，资产类项目直接根据其总账科目的借方余额填列，负债类项目直接根据其总账科目的贷方余额填列。

需要注意的是，某些项目，如"应付职工薪酬"等项目，是根据其总账科目的贷方期末余额直接填列的，但如果这些账户的期末余额在借方，则以"—"号填列。

2.根据若干总账科目的期末余额分析计算填列

根据若干总账科目的期末余额分析计算填列的项目主要有"货币资金""存货""其他应收款""在建工程""其他应付款""未分配利润"等。

（1）"货币资金"项目，应根据"库存现金""银行存款""其他货币资金"等科目的期末余额合计数填列。

（2）"存货"项目，应根据"材料采购（在途物资）""原材料""库存商品""生产成本""周转材料""委托加工物资""材料成本差异""发出商品"等科目期末余额合计减去"存货跌价准备"等科目期末余额后的差额填列。

（3）"其他应收款"项目，应根据"应收利息""应收股利""其他应收款"等科目的期末余额的金额合计数减去"坏账准备"科目中相关坏账准备期末余额后的差额填列。

（4）"在建工程"项目，应根据"工程物资""在建工程"等科目期末余额的金额合计数减去"在建工程减值准备""工程物资减值准备"科目期末余额后的差额填列。

（5）"其他应付款"项目，应根据"应付利息""应付股利""其他应付款"等科目期末余额的金额合计数填列。

（6）"未分配利润"项目，一般应根据"本年利润"和"利润分配"科目的余额计算数填列，未弥补的亏损，在本项目内以"—"号填列。"本年利润"和"未分配利润"的余额均在贷方的，用两者余额之和填列；余额均在借方的，将两者余额之和在本项目内以"—"号填列；两者余额一个在借方一个在贷方的，用两者余额互相抵减后的差额填列，如为借差，则在本项目内以"—"号填列。年度终了，该项目可以只根据"利润分配"账户的期末余额填列。余额在贷方的直接填列，余额在借方的在本项目内以"—"号填列。

3.根据总账科目和明细账科目余额分析计算填列

（1）"应收票据及应收账款"项目

"应收票据及应收账款"项目应根据"应收票据"科目的期末余额以及"应收账款"和"预收账款"科目所属明细科目的期末借方余额合计数，减去"坏账准备"科目中相关坏账准备期末余额后的差额填列。

（2）"预付款项"项目

"预付款项"项目应根据"预付账款"科目及"应付账款"科目所属明细账的期末借方余额合计减去"坏账准备"科目中有关预付账款计提的坏账准备期末余额后的差额填列。

（3）"应付票据及应付账款"项目

"应付票据及应付账款"项目应根据"应付票据"科目的期末余额以及"应付账款"

和"预付账款"科目所属明细账的期末贷方余额合计数填列。

（4）"预收款项"项目

"预收款项"项目应根据"预收账款"科目及"应收账款"科目所属明细账的期末贷方余额合计数填列。

（5）"长期应收款""长期待摊费用""长期借款""应付债券""长期应付款"等项目

"长期借款"项目应根据"长期借款"总账科目的期末余额扣除"长期借款"所属的明细科目中将于1年内（含1年）到期的长期借款填列；"应付债券"项目应根据"应付债券"总账科目余额扣除"应付债券"所属明细科目中将于1年内（含1年）到期的部分填列。

4.根据总账科目与其备抵科目抵销后的净额填列

根据总账科目与其备抵科目抵销后的净额填列的项目有"应收票据及应收账款""其他应收款""存货""长期股权投资""固定资产""无形资产"等项目。如"固定资产"项目应根据"固定资产"科目余额减去"累计折旧""固定资产减值准备"等科目的期末余额后的差额填列；"无形资产"项目应根据"无形资产"科目余额减去"累计摊销""无形资产减值准备"等科目的期末余额后的差额填列。

在填表过程中应该注意的有以下几点：

（1）"应交税费"科目下的"应交增值税""未交增值税""待抵扣进项税额""待认证进项税额""增值税留抵税额"等明细科目期末借方余额，应根据情况，分别在"其他流动资产"和"其他非流动资产"项目填列。

（2）"应交税费—待转销项税额"科目贷方余额应根据情况，分别在"其他流动负债"和"其他非流动负债"项目填列。

（3）"应交税费"科目下的"未交增值税""简易计税""转让金融商品应交增值税""代扣代交增值税"等明细科目的贷方余额在"应交税费"项目中填列。

第二节 资产负债表的结构

资产负债表一般有表首、正表两部分。其中，表首概括地说明报表名称、编制单位、编制日期、报表编号、货币名称、计量单位等。正表是资产负债表的主体，列示了用以说明企业财务状况的各个项目。在正表中，通常按资产、负债、所有者权益分类分项反映。也就是说，资产按流动性强弱的顺序列示，具体分为流动资产、长期投资、固定资产、无形资产及其他资产；负债也按流动性强弱的顺序列示，具体分为流动负债、长期负债等；所有者权益则按实收资本（或股本）、资本公积、盈余公积、未分配利润等项目分项列示。

资产负债表正表的格式一般有两种：账户式资产负债表和报告式资产负债表。

账户式资产负债表是将资产各项目列在表的左方，权益各项目列在表的右方，使资产负债表的左右方平衡，如表 2-1 所示：

表 2-1 账户式资产负债表

资产	负债及所有者权益
流动资产	负债
长期投资	流动负债
固定资产	长期负债
无形及递延资产	递延税款贷项
其他长期资产	所有者权益
递延税款借项	实收资本
	资本公积
	盈余公积
	未分配利润
资产总计	负债和所有者权益合计

报告式资产负债表又叫垂直式资产负债表，其格式具体分为上、中、下三部分，表格的上方列示资产项目，中间部分列示负债项目，表格的下方列示所有者权益项目，其简化格式如表 2-2 所示：

表 2-2 报告式资产负债表

资产
流动资产
长期投资
固定资产
无形及递延资产
其他长期资产
递延税项
资产合计
负债
流动负债
长期负债
递延税项
负债合计
所有者权益
实收资本
资本公积
盈余公积
未分配利润
所有者权益合计

我国企业的资产负债表一般采用账户式格式，《企业会计制度》中列示的资产负债表的格式就是账户式。表 2-3 是 ABC 公司的资产负债表示例：

表 2-3 资产负债表　　　　　　　　　　　　　　会企 01 表

编制单位：ABC 有限责任公司　　　　　　2008 年 12 月 31 日　　　　　　单位：元

资产	期末数	年初数	负债和所有者权益	期末数	年初数
流动资产：			流动负债：		
货币资金	1 406 300		短期借款	300 000	
交易性金融资产	15 000		交易性金融负债	0	
应收票据	246 000		应付票据	200 000	
应收账款	299 100		应付账款	953 800	
预付款项	100 000		预收款项	0	
应收利息	0		应付职工薪酬	110 000	

续表

资产	期末数	年初数	负债和所有者权益	期末数	年初数
应收股利	0		应交税费	36 600	
其他应收款	5 000		应付利息	1 000	
存货	2 580 000		应付股利	0	
一年内到期的非流动资产	0		其他应付款	50 000	
其他流动资产	100 000		一年内到期的流动负债	1 000 000	
流动资产合计	4 751 400		其他流动负债	0	
非流动资产:			流动负债合计	2 651 400	
可供出售金融资产	0		非流动负债:		
持有至到期投资	0		长期借款	600 000	
长期应收款	0		应付债券	0	
长期股权投资	250 000		长期应付款	0	
投资性房地产	0		专项应付款	0	
固定资产	1 100 000		预计负债	0	
在建工程	1 500 000		递延所得税负债	0	
工程物资	0		其他非流动负债	0	
固定资产减值	0		非流动负债合计	600 000	
生产性生物资产	0		负债合计	3 251 400	
油气资产	0		股东权益:		
无形资产	600 000		实收资本	5 000 000	
开发支出	0		资本公积	0	
商誉	0		减: 库存股	0	
长期待摊费用	0		盈余公积	100 000	
递延所得税资产	0		未分配利润	50 000	
其他非流动资产	200 000		股东权益合计	5 150 000	
非流动资产合计	3 650 000				
资产总计	8 401 400		负债和股东权益总计	8 401 400	

第三节 资产项目

资产是指在过去的交易或事项中形成的，由企业拥有或控制的资源，该资源预期会给企业带来经济利益。在资产负债表上，资产应当按照其流动性分类分项列示，分为流动资产和非流动资产。

一、货币资金

货币资金是企业流动性最强的资产，即变现速度最快的资产。货币资金主要包括现金、银行存款和其他货币资金。

（一）现金

现金是货币资金的重要组成部分，是通用的支付手段，也是对其他资产进行计量的一般尺度和会计处理的基础，它可以随时用来购买其他资产和清偿债务，支付相关费用。由于现金是流动性最大的一种货币资金，企业必须对现金进行严格的管理和控制，使现金能在经营过程中合理地、顺畅地流转，提高现金的使用效益，保护现金的安全。

企业的库存现金限额由其开户银行根据实际需要核定，一般为3～5天的零星开支量。边远地区和交通不便地区的企业，库存现金限额可以多于5天，但不能超过15天的日常零星开支量。企业必须严格按规定的限额控制现金的结余量，超过限额的部分，必须及时送存银行。

为了确保账实相符，应对现金进行清查。现金清查包括两部分内容，一是出纳人员每日营业终了进行账款核对；二是清查小组进行定期或不定期的盘点和核对。现金清查的方法采用账实核对法。对现金实存额进行盘点，必须以现金管理的有关规定为依据，不得以白条抵库，不得超额保管现金。对现金进行账实核对时，如发现账实不符，应立即查明原因，及时更正，对发生的长款或短款，应查找原因，并按规定进行处理，不得以今日长款弥补他日短款。现金清查和核对后，应及时编制"现金盘点报告表"，列明现金账存额、现金实存额、差异额及其原因，对无法确定原因的差异，应及时报告相关负责人。

（二）银行存款

银行存款是企业存入银行或其他金融机构的货币资金。企业根据业务需要，在其所在地的银行开设账户，运用所开设的账户，进行存款、取款以及各种收支转账业务的结算。

为了详细反映银行存款的收付及结存情况，企业除了设置"银行存款"科目进行总分类和核算外，还必须设置银行存款日记账，逐日、逐笔连续记录银行存款收付，并随时结出余额。银行存款日记账一般由出纳人员根据收付款凭证进行登记，定期与银行存款总账科目进行核对。月末，存款日记账应与银行对账单进行核对。

企业每月至少应将银行存款日记账与银行对账单核对一次，以检查银行存款收付及结存情况。企业进行账单核对时，往往会出现银行存款日记账与银行对账单同日余额不符的情况。究其原因主要有三点：一是计算错误，二是记账错漏，三是未达账项。

银行存款日记账余额与银行对账单余额不符时，必须查明原因。在会计实务中，银行存款调节后的余额平衡关系是做出这一判断的主要根据。如果调节后余额一致，表明账户内结存额计算无误。如果调节后余额仍不一致，表明账户内结存额计算一定有误，应立即查明错误所在。在编制银行存款余额调节表时，一般将所有未核对一致的项目视为未达账项。银行存款余额调节表有多种编制方法，会计实务中一般采用"补记式"余额调节法。编制银行存款调节表后，不需进行账簿记录的调整，只有等到有关单据到达，才可以进行账务处理。

（三）其他货币资金

其他货币资金是指除现金、银行存款以外的其他各种货币资金。其他货币资金同现金和银行存款一样，是企业可以作为支付手段的货币。其他货币资金同现金和银行存款相比，有其特殊的存在形式和支付形式，在管理上有别于现金和银行存款，应单独进行会计核算。

除现金、银行存款以外的货币资金主要包括外埠存款、银行汇票存款、银行本票存款、信用卡存款以及在途货币资金等。外埠存款是指到外地进行临时或零星采购时，在采购地银行开立临时采购户，向临时采购户存入的款项；银行汇票存款是指企业为了取得银行汇票，按规定用于银行汇票结算而存入银行的款项；银行本票存款是指企业为了取得银行本票，按规定用于银行本票结算而存入银行的款项；信用卡存款是指企业因办理信用卡结算而存入的款项；在途货币资金是指企业同所属单位之间或上下级之间，汇出方已划出而未达汇入方的款项。

当其他货币资金数额较大时，企业的支付能力较强，对债权人的债务偿还和供货商的货款支付有较大的保障。但货币资金的留存不仅仅是为了还债付款，更重要的是为了投入生产，周转增值。因此，当该项目数额较大时，对企业的盈利能力会产生不良影响，即损失了资金的增值能力。当该项目数额较小时，企业的支付能力会受到影响，即面临偿债和支付货款的巨大压力，一些公司的破产原因之一就是其短期偿债能力不足。

二、金融资产

金融资产属于企业资产的重要组成部分，主要包括库存现金、银行存款、应收账款、应收票据、其他应收款项、股权投资、债权投资和金融衍生工具形成的资产等。这里的金融资产不涉及库存现金、银行存款和长期股权投资。金融资产在初始确认时主要分为以下几类：

（一）以公允价值计量且其变动计入当期损益的金融资产

以公允价值计量且其变动计入当期损益的金融资产，可以进一步分为交易性金融资产和直接指定为以公允价值计量且其变动计入当期损益的金融资产。同时，某项金融资产划分为以公允价值计量且其变动计入当期损益的金融资产后，不能重新分类为其他类别的金融资产；其他类别的金融资产也不能重新分类为以公允价值计量且其变动计入当期损益的金融资产。

（二）持有至到期投资

持有至到期投资，是指到期日固定、回收金额固定或可确定，且企业有明确意图和能力持有至到期日的非衍生金融资产。通常情况下，能够划分为持有至到期投资的金融资产，主要是债权性投资，比如从二级市场上购入的固定利率国债、浮动利率金融债券等。股权投资因其没有固定的到期日，因而不能划分为持有至到期投资。持有至到期投资通常具有长期性质，对于期限较短（1年以内）的债券投资，符合持有至到期投资条件的，也可将其划分为持有至到期投资。

（三）贷款和应收款项

贷款和应收款项，是指在活跃市场中没有报价、回收金额固定或可确定的非衍生金融资产，如金融企业发放的贷款和其他债权。非金融企业持有的现金和银行存款、销售商品或提供劳务形成的应收款项、企业持有的其他企业的债权等，只要符合贷款和应收款项的定义，都可以划分为这一类。

（四）可供出售金融资产

可供出售金融资产，是指初始确认时即被指定为可供出售的非衍生金融资产，以及除下列各项资产以外的金融资产：

（1）贷款和应收款项；

（2）持有至到期投资；

（3）以公允价值计量且其变动计入当期损益的金融资产。

例如，企业购入的在活跃市场上有报价的股票、债券和基金等，没有划分为以公允价值计量且其变动计入当期损益的金融资产或持有至到期投资等金融资产的，可归为可供出售金融资产。

对于在活跃市场上没有报价的金融资产，既可能划分为以公允价值计量且其变动计入当期损益的金融资产，也可能划分为可供出售金融资产。如果该金融资产属于有固定到期日、回收金额固定或可确定的金融资产，则该金融资产还可以划分为持有至到期投资。某项金融资产具体应分为哪一类，主要取决于企业管理层的风险管理、投资决策等因素。金融资产的分类应是管理层意图的如实表达。

三、存货项目

（一）存货

存货是指企业在日常活动中持有的、以备出售的产成品或商品，处在生产过程中的在产品、在生产过程或提供劳务过程中耗用的材料、物料等。存货区别于固定资产等非流动性资产的最基本的特征是，企业持有存货的最终目的是出售，不论是可供直接出售，如企业的产成品、商品等，还是需要经过进一步加工后才能出售，如原材料等。

企业的存货主要包括以下内容：

（1）原材料。指企业在生产过程中经过加工改变其形态或性质，并构成产品主要实体的各种原料及主要材料、辅助材料、外购半成品、修理用备件、包装材料、燃料等。为建造固定资产等各项工程而储备的各种材料，虽然同属于材料，但是，由于用于建造固定资产等各项工程不符合存货的定义，因此不能作为企业的存货进行核算。

（2）在产品。指企业正在制造尚未完工的产品，包括正在各个生产工序加工的产品和已加工完毕但尚未制造完工成为产成品、仍需进一步加工的中间产品。

（3）半成品。指经过一定生产过程并已检验合格交付半成品仓库保管，但尚未制造完工成为产成品，仍需进一步加工的中间产品。

（4）产成品。指工业企业已经完成全部生产过程并验收入库、可以按照合同规定的条件送交订货单位，或者可以作为商品对外销售的产品。企业接受外来原材料加工制造的代制品和为外单位加工修理的代修品，在制造和修理完成验收入库后，应视为企业的产成品。

（5）商品。指商品流通企业外购或委托加工完成并验收入库、用于销售的各种商品。

（6）周转材料。指企业能够多次使用，但不符合固定资产定义的材料，如为了包装本企业商品而储备的各种包装物，各种工具、管理用具、玻璃器皿、劳动保护用品以及在经营过程中周转使用的容器等低值易耗品和建造承包商的钢模板、木模板、脚手架等其他周转材料。但是，周转材料符合固定资产定义的，应当作为固定资产处理。

（二）存货的初始计量

企业取得存货应当按照成本计量。存货成本包括采购成本、加工成本和其他成本三个组成部分。下面将从存货取得方式介绍一下存货的初始计量：

（1）外购存货。主要包括原材料和商品。外购存货的成本即存货的采购成本，指企业物资从采购到入库前所发生的全部支出，包括购买价款、相关税费、运输费、装卸费、保险费以及其他可归属于存货采购成本的费用。

商品流通企业在采购商品过程中发生的运输费、装卸费、保险费以及其他可归属于存货采购成本的费用等进货费用，应计入所购商品成本。

（2）加工取得存货。企业通过进一步加工取得的存货，主要包括产成品、在产品、半成品、委托加工物资等，其成本由采购成本、加工成本构成。

（3）投资者投入存货。其成本应当按照投资合同或协议约定的价值确定，但合同或协议约定价值不公允的除外。在投资合同或协议约定价值不公允的情况下，将该项存货的公允价值作为其入账价值。

（4）通过非货币性资产交换、债务重组、企业合并等方式取得的存货。其成本应当分别按照《企业会计准则第 7 号——非货币性资产交换》和《企业会计准则第 12 号——债务重组》《企业会计准则第 20 号——企业合并》等的规定确定。但是，其后续计量和披露应当执行《企业会计准则第 1 号——存货》的规定。

（5）盘盈存货。应按其重置成本作为入账价值，并通过"待处理财产损溢"科目进行会计处理，按管理权限报经批准后，冲减当期管理费用。

（三）存货的发出计量

企业应当根据各类存货的实物流转方式、企业管理的要求、存货的性质等实际情况，合理地选择发出存货成本的计算方法，以合理确定当期发出存货的实际成本。企业在确定发出存货成本时，可以采用先进先出法、移动加权平均法、月末一次加权平均法和个别计价法等方法。企业不得采用后进先出法确定发出存货的成本。

（1）先进先出法。先进先出法以先购入的存货应先发出这样一种存货实物流转假设为前提，对发出存货进行计价。采用这种方法，先购入的存货成本在后购入存货成本之前转出，据此确定发出存货和期末存货的成本。

（2）移动加权平均法。是指以每次进货的成本加上原有库存存货的成本，除以每次进货数量与原有存货的数量之和，据以计算加权平均单位成本，作为下次进货前各次发出存货成本的依据。移动加权平均法的计算公式如下：

存货单位成本=（原有库存存货的实际成本+本次进货的实际成本）/（原有库存存货数量+本次进货数量）

本次发出存货的成本=本次发出存货数量×本次发货前的存货单位成本

本月月末库存存货成本=月末库存存货数量×本月月末存货单位成本

（3）月末一次加权平均法。是指以当月全部进货数量加上月初存货数量作为权数，去除当月全部进货成本加上月初存货成本，计算出存货的加权平均单位成本，以此为基础计算当月发出存货的成本和期末存货的成本的一种方法。

存货单位成本=月初库存存货的实际成本+∑（本月某批进货的实际成本×本月某批

进货的数量）/月初库存存货数量+本月各批进货数量之和

本月发出存货的成本=本月发出存货的数量×存货单位成本

本月月末库存存货成本=月末库存存货的数量×存货单位成本

（4）个别计价法。亦称个别认定法、具体辨认法、分批实际法，其特征是注重所发出存货具体项目的实物流转与成本流转之间的联系，逐一辨认各批发出存货和期末存货所属的购进批别或生产批别，分别按其购入或生产时所确定的单位成本计算发出存货成本和期末存货的成本。个别计价法可以广泛应用于发出存货的计价，并且该方法确定的存货成本最为准确。

（四）存货的期末计量

在资产负债表日，存货应当按照成本与可变现净值孰低计量。当存货成本低于可变现净值时，存货按成本计量；当存货成本高于可变现净值时，存货按可变现净值计量，同时按照成本高于可变现净值的差额计提存货跌价准备，计入当期损益。

存货的可变现净值，是指在日常活动中，存货的估计售价减去至完工时估计将要发生的成本、估计的销售费用以及相关税费后的金额。企业应当定期或至少于每年年度终了，对存货进行全面清查，如果由于存货遭受毁坏、存货全部或部分陈旧过时或销售价格低于成本等原因，使存货成本存在不可收回的部分，应当计提存货跌价准备。当存在下列情况之一时，应当计提存货跌价准备：

（1）市价持续下跌，并且在可预见的将来无回升的希望；

（2）企业使用该项原材料生产的产品的成本大于产品的销售价格；

（3）企业因产品更新换代，原有库存原材料已不适应新产品的需求，而该项原材料的市场价格又低于其账面成本；

（4）因企业所提供的商品或劳务过时或消费者偏好的改变，使市场的需求发生变化，导致市场价格逐渐下跌；

（5）其他足以证明该项存货实质上已经发生减值的情形。

《企业会计准则——存货》规定，会计期末，存货应当按照成本与可变现净值孰低计量。所谓"成本与可变现净值孰低"，是指对期末存货按照成本与可变现净值两者之中较低者进行计价的方法，即当成本低于可变现净值时，存货按成本计价；当可变现净值低于成本时，存货按可变现净值计价。其中，"成本"是指存货的历史成本；"可变现净值"指企业在正常生产经营过程中，以估计售价减去估计完工成本及销售所必需的估计费用后的价值。可变现净值应根据可靠证据客观确定。这一计价方法是国际通用的存货计价方法。

当存货存在以下一项或若干项情形时，应当全额计提存货跌价准备：

（1）已霉烂变质的存货；

（2）已过期且无转化价值的存货；

（3）生产中已不再需要，并且已无使用价值和转让价值的存货；

（4）其他足以证明已无使用价值和转让价值的存货。

四、长期股权投资

（一）长期股权投资的概念、特点和分类

长期股权投资是指企业通过投资而拥有被投资企业的股权，成为被投资企业的股东，按持股比例享有权益并承担责任。长期股权投资的取得方式主要有：

（1）在证券市场上以货币资金购买其他企业的股票，以成为被投资企业的股东；

（2）以资产（包括货币资金、无形资产和其他实物资产）投资于其他企业，从而成为被投资企业的股东。

长期股权投资的特点：

（1）长期持有。长期股权投资通过长期持有，达到控制被投资企业、改善与被投资企业的贸易关系等目的。除股票投资外，其他长期股权投资一般不能随意抽回。

（2）获得经济利益。通过长期股权投资，可以获得两方面的经济利益：一方面是通过分得利润或股利，获得被投资企业的经济利益流入；另一方面是通过对被投资企业施加影响，改善本企业的生产经营环境，从而使本企业获得直接经济利益。

（3）按比例承担风险。通过股权投资成为被投资企业的股东应承担相应的风险，在获得经济利益的同时，需要承担相应的投资损失。

长期股权投资按照对被投资企业的影响可以分为以下几个方面：

（1）控制。控制是指有权决定一个企业的财务和经营政策，并能据以从该企业的经营活动中获取利益。

控制有两种方式：投资企业直接拥有被投资企业50%以上的表决权资本；投资企业虽然直接拥有被投资企业不足50%的表决权资本，但具有实质控制权。实质控制权的表

现形式为：通过与其他投资者的协议，投资企业拥有对被投资企业 50%以上资本的控制权；根据章程或协议，投资企业有权控制被投资企业的财务和经营政策；有权任免被投资企业董事会等类似权力机构的多数成员；在董事会或类似权力机构会议上有半数以上的投票权。

（2）共同控制。共同控制是指按合同约定，企业对共同控制实体所共有的控制。共同控制实体是指由两个或多个企业共同投资建立的实体，被投资企业的财务和经营政策必须由投资双方或若干方共同决定。

（3）重大影响。长期股权投资对被投资企业的重大影响是指对一个企业的财务和经营政策有参与决策的权力，但并不决定这些政策。当投资企业直接拥有被投资企业20%～50%的表决权资本时，一般认为该投资企业对被投资企业具有重大影响。如果投资企业直接拥有被投资企业 20%以上的表决权资本，就可以在被投资企业的董事会或类似权力机构中派有代表，可以参与被投资企业的政策制定过程，可以向被投资企业派出管理人员，依赖投资企业的技术资料等，也应确认为对被投资企业具有重大影响。

（4）无控制、无共同控制且无重大影响。是指除上述三种情形以外的情况，具体表现为：投资企业直接拥有被投资企业 20%以下的表决权资本，同时不存在其他实施重大影响的途径；投资企业直接拥有被投资企业 20%或 20%以上的表决权资本，但实质上对被投资企业不具有控制、共同控制和重大影响。

长期股权投资取得时的初始投资成本，是指取得长期股权投资时支付的全部价款，或放弃非现金资产的账面价值，以及支付的税金、手续费等相关费用（如有补价的，还应加上或减去补价，并加上或减去确认的收益或损失），但不包括为取得长期股权投资所发生的评估、审计、咨询等费用，也不包括实际支付的价款中包含的已宣告但尚未领取的现金股利。

初始投资成本的确定方法如下：

（1）以现金购入的长期股权投资，按实际支付的全部价款，包括税金、手续费等相关费用作为初始投资成本。但不包括在取得投资时，实际支付的价款中包含的已宣告而尚未领取的现金股利。

（2）企业接受的债务人以非现金资产抵偿债务的方式取得的长期股权投资，或以应收债券换入的长期股权投资，按应收债权的账面价值加上应支付的相关税费，作为初始投资成本。

如果不涉及补价，按应收债权的账面价值加上应支付的相关税费，作为初始投资成本。如果涉及补价，应按以下规定确定受让的长期股权投资成本：第一，收到补价的，按应收债权账面价值减去补价，加上应支付的相关税费，作为初始投资成本。第二，支付补价的，将应收债权的账面价值作为初始投资成本。

（3）以非货币性交易换入的长期股权投资，将换出资产的账面价值加上应支付的相关税费，作为初始投资成本。不涉及补价的，将换出资产的账面价值加上应支付的相关税费，作为初始投资成本。涉及补价的，按以下规定确定换入的初始投资成本：第一，收到补价的，按换出资产的账面价值加上应确认的收益和应支付的相关税费减去补价后的余额，作为初始投资成本。第二，支付补价的，将换出资产的账面价值加上应支付的相关税费和补价，作为初始投资成本。

（4）通过行政划拨方式取得的长期股权投资，将划出单位的账面价值，作为初始投资成本。

（二）长期股权投资的处理方法

长期股权投资按照对被投资企业产生的影响，分别采用成本法和权益法两种会计处理方法。

成本法，指长期股权投资按投资成本计价的方法。采用成本法时，除追回或收回投资外，长期股权投资的账面价值一般应保持不变。被投资企业宣告分派的利润或现金股利，确认为当期投资收益。投资企业确认投资收益，仅限于所获得的被投资企业在接受投资后产生的累计净利润的分配额，所获得的被投资企业宣告分派的利润或现金股利超过上述数额的部分，作为初始投资成本的收回，冲减投资的账面价值。通常情况下，持股比例是确定采用成本法还是采用权益法的主要依据。下列情况一般应采用成本法核算：

（1）投资企业对被投资企业无控制、无共同控制且无重大影响。通常情况下，投资企业拥有被投资企业20%以下表决权资本的，则认为投资企业对被投资企业无控制、无共同控制或无重大影响；

（2）被投资企业在严格的限制条件下经营，其向投资企业转移资金的能力受到限制。在这种情况下，投资企业的控制和影响能力受到限制，不能按照自身意愿调度和使用资金。例如，被投资企业在国外，外汇受所在国管制，其外汇汇出受到限制。

长期股权投资采用成本法核算的一般程序如下：

（1）初始投资或追加投资时，将初始投资或追加投资时的初始投资成本或追加投资后的初始投资成本作为长期股权投资的账面价值；

（2）被投资企业宣告分派的利润或现金股利，投资企业按应享有的部分，确定为当期投资收益，但投资企业确认的投资收益，仅限于所获得的被投资企业在接受投资后产生的累计净利润的分配额，所获得的被投资企业宣告分派的利润，或现金股利超过被投资企业在接受投资后产生的累计净利润的部分，作为初始投资成本的收回，冲减投资的账面价值。

权益法，指长期股权投资最初以初始投资成本计价，以后根据投资企业享有被投资企业所有者权益份额的变动对投资的账面价值进行调整的方法。投资企业对被投资企业具有控制、共同控制或重大影响时，长期股权投资应采用权益法核算。当投资企业对被投资企业不再具有控制、共同控制和重大影响时，投资企业对被投资企业的长期股权投资应终止采用权益法，改按成本法核算，这种情况包括以下几种：

（1）投资企业由于减少投资而对被投资企业不再具有控制、共同控制和重大影响，但仍部分保留或全部保留对被投资企业的投资；

（2）被投资企业已宣告破产或依据法律程序正进行清理整本的，则认为投资企业对被投资企业无控制、无共同控制或无重大影响；

（3）被投资企业在严格的限制条件下经营，其向投资企业转移资金的能力受到限制。在这种情况下，投资企业的控制和影响能力受到限制，不能按照自身意愿调度和使用资金。例如，被投资企业在国外，外汇受所在国管制，其外汇汇出受到限制。

长期股权投资采用权益法核算的情况下，进行初始投资或追加投资时，将初始投资或追加投资后的初始投资成本作为长期股权投资的账面价值；投资后，随着被投资企业所有者权益的变动，增加或减少长期股权投资的账面价值。长期股权投资采用权益法核算，在会计核算上需要主要解决的问题有：

（1）初始投资成本与应享有被投资企业所有者权益份额差额的处理；

（2）投资企业在投资后被投资企业实现净利润或发生净亏损的处理；

（3）被投资企业除净损益外其他所有者权益变动的处理。

长期股权投资采用权益法的一般程序如下：

（1）初始投资或追加投资。初始投资或追加投资时，按照确定的投资成本增加长期股权投资的账面余额。但是采用权益法核算时，不仅要确认、计量投资成本，还应确认股权投资差额。股权投资差额是指采用权益法核算长期股权投资时，投资成本与享有被投资企业所有者权益份额的差额。股权投资差额的计算公式为：

股权投资差额=投资成本－投资时被投资企业所有者权益×投资持股比例

调整后的投资成本=投资成本+股权投资差额

按照投资准则的规定，投资成本与享有被投资企业所有者权益份额的差额，应作为股权投资差额处理，并按一定的期限平均摊销。如果合同没有规定摊销期限，投资超过应享有被投资企业所有者权益份额的差额，按不超过 10 年的期限摊销；投资成本低于应享有被投资企业所有者权益份额的差额，按不低于 10 年的期限摊销。

（2）调整股权投资的账面价值。投资后，随着被投资企业所有者权益的变动而相应调整增加或减少长期股权投资的账面价值。调整股权投资账面价值的情况有两种：

其一，根据被投资企业实现净损益的调整。在权益法下，被投资企业由于生产经营活动而实现的净利润或发生的净亏损，会影响所有者权益，而所有者权益的变动会影响投资企业对被投资企业股权投资价值的变动，因此，应根据被投资企业实现的净损益，相应地调整股权投资的账面价值。

其二，其他所有者权益变动的调整。被投资企业的所有者权益变动除了受净损益的影响外，被投资企业发生资产评估、接受捐赠等经济业务时，也会使所有者权益发生变动。这些所有者权益变动同样会影响投资企业股权投资的账面价值。

（3）分派利润或股利。被投资企业宣告分派利润或现金股利时，由于投资企业已经根据被投资企业实现的净利润调整了长期股权投资的账面价值，而且利润或现金股利的分派必然减少被投资企业的所有者权益，相应地减少股权投资的账面价值。因此，当被投资企业宣告分派利润或现金股利时，按投资企业的持股比例计算应分得的利润或现金股利，冲减长期股权投资的账面价值。如果被投资企业分派股票股利，对被投资企业的所有者权益总额没有影响，对投资企业的股权投资价值也不会产生影响，因此投资企业不必进行账务处理，只需在除权日注明所增加的股数。

（三）成本法与权益法的转换

（1）权益法转为成本法。投资企业对被投资企业的持股比例下降，或因其他原因对被投资企业不再具有控制、共同控制和重大影响时，应中止采用权益法，改按成本法核算。投资企业应在中止采用权益法时，将长期股权投资的账面价值作为新的投资成本，与该项长期股权投资有关的资本公积准备项目，不做任何处理。被投资企业宣告分派的利润或现金股利，属于已计入长期股权投资账面价值的部分，作为新的投资成本的收回，冲减投资成本。

（2）成本法转为权益法。投资企业对被投资企业的持股比例增加，或其他原因使长期股权投资由成本法转为权益法核算的，投资企业应在中止采用成本法时，按追溯调整后长期股权投资的账面价值（不含股权投资差额）加上追加投资成本作为初始投资成本，并以此为基础计算追加投资后的股权投资差额。企业应定期对长期投资的账面价值逐项进行检查，至少每年年末检查一次。如果由于长期投资的市价持续下跌或被投资企业经营状况变化等原因导致其可收回金额低于投资的账面价值，应将可收回金额低于长期投资账面价值的差额，确认为当期投资损失。

长期投资的账面价值是指长期投资总账的账面余额。"可收回金额"是指企业资产的出售净价与预期从该资产的持有和投资到期处置中所形成的预计未来现金流量的现值两者之间的较高者。其中，出售净价是指资产的出售价格减去所发生的资产处置费用后的余额。

长期股权投资减值可分为永久性减值和暂时性减值。永久性减值是指在可预计的将来不可能恢复的长期股权投资减损；暂时性减值是指由于被投资企业暂时的财务状况不佳，或由于市价发生暂时下跌所产生的减值。无论哪一种减值，都应对其计提减值准备，为此应设置"长期投资减值准备——股权投资减值"科目，反映企业已计提的长期股权投资跌价准备。"长期投资减值准备——股权投资减值"账户期末如果为贷方余额，表示长期投资的可收回价值低于账面余额，按可收回金额计价；如果期末余额为零，表示长期投资的可收回金额高于账面余额，按账面余额计价；可收回金额低于账面余额的减值部分是投资活动产生的未实现损益，因此与"长期投资减值准备——股权投资减值"科目对应的科目是"投资收益"科目。

将资产负债表中的长期股权投资净额与资产减值准备明细表中的长期投资减值准备相比较，可以看出长期股权投资的账面余额、企业预计的投资减值金额。对照利润表中的投资收益，可以看出企业长期投资的减值金额。

五、固定资产

（一）固定资产的概念及特征

固定资产，是指同时具有下列特征的有形资产：

（1）为生产商品、提供劳务、出租或经营管理而持有的；

（2）使用寿命过程超过一个会计年度。

从其定义看，固定资产具有以下三个特征：

（1）为生产产品、提供劳务、出租或经营管理而持有；

（2）使用寿命超过一个会计年度；

（3）固定资产是有形资产。

（二）固定资产的初始计量

固定资产的初始计量，指确定固定资产的取得成本。固定资产应当按照成本进行初始计量。成本包括企业为构建某项固定资产、达到预定可使用状态前所发生的一切合理的、必要的支出。成本包括以下几个方面：

（1）外购固定资产的成本。包括购买价款、相关税费、使固定资产达到预定可使用状态前所发生的，可归属于该项固定资产的运输费、装卸费、安装费和专业人员服务费等。

企业购入的固定资产分为不需要安装的固定资产和需要安装的固定资产两种类型。前者取得的成本为企业实际支付的购买价款、包装费、运杂费、保险费、专业人员服务费和相关税费等；后者取得的成本是在前者取得成本的基础上，加上安装调试成本等。

（2）自行建造固定资产。其成本由建造该项资产达到预定可使用状态前所发生的必要支出构成，包括工程物资成本、人工成本、缴纳的相关税费、应予资本化的借款费用以及应分摊的间接费用等。

企业在自行建造固定资产时，需要向外借款，其中因专门借款而发生的利息、折价或溢价的摊销和辅助费用，以及因外币借款而发生的汇兑差额应该进行资本化。

①应予资本化的资产范围和借款范围

a.应予资本化的资产范围

根据《企业会计准则》的规定，借款费用应予资本化的范围是固定资产。只有发生在固定资产购置或建造过程中的借款费用，才能在符合条件的情况下予以资本化；发生在其他资产（如存货、无形资产）上的借款费用，不能予以资本化。关于应予资本化的资产范围，有几点需要说明：首先，这里所指的固定资产，既包括企业自己购买或建造的固定资产，也包括委托其他单位建造的固定资产；其次，固定资产一旦达到预定可使用状态，就应停止借款费用资本化。购入不需安装的固定资产，在购入时就视为已经达到预定可使用状态。

b.应予资本化的借款范围

《企业会计准则》规定，应予资本化的借款范围为专门借款，即为购建固定资产而专门借入的款项，不包括流动资金借款等。

②在建工程的利息开始资本化必须满足以下三个条件：

a.资产支出已经发生

这里所指的资产支出只包括为购建固定资产而支付现金、转移非现金资产或者承担带息债务形式而发生的支出。需要注意的是，如果企业委托其他单位建造固定资产，则企业向受托单位支付第一笔预付款或第一笔进度款时，即认为资产支出已经发生。

b.借款费用已经发生

这一条件是指已经发生了因购建固定资产而专门借入款项的利息、折价或溢价的摊销、辅助费用或汇兑差额。例如，企业以发行债券的方式筹集资金来建造一项固定资产，在债券本身可能还没有开始计息时，就为发行债券向承销机构支付了一笔承销费，即发生了专门借款的辅助费用。此时，应当认为借款费用已经发生。

c.为使资产达到预定可使用状态所必要的购建活动已经开始

这里所指的"为使资产达到预定可使用状态所必要的购建活动已经开始"主要是指资产的实体建造活动，例如主体设备的安装、厂房的实际建造等。但"为使资产达到预定可使用状态所必要的购建活动已经开始"不包括仅仅持有资产、但没有发生为改变资产状态而进行建造活动的情况，如只购置了建筑用地而没有发生房屋建筑活动，这种情况就不包括在内。

在上述三个条件同时满足的情况下，因专门借款而发生的利息、折价或溢价的摊销或汇兑差额可以开始资本化，只要其中一个条件没有满足，就不能开始资本化。

③利息资本化金额的确定

根据《企业会计准则》的规定，利息资本化金额的确定应与发生在固定资产购建活动上的支出挂钩。在应予资本化的每一会计期间，因购置或建造某项固定资产而发生的利息，其资本化金额应为至当期末购置或建造该项资产的累计支出加权平均数乘以资本化率；如果借款存在折价或溢价，还应当将每期应摊销的折价或溢价金额作为利息的调整额，对资本化率做相应调整。

a.资本化率的确定

资本化率应当按下列原则确定：如果为购建固定资产只借入了一笔专门借款，资本化率即为该项借款的利率；如果为购建固定资产借入一笔以上的专门借款，则资本化率应为这些专门借款的加权平均利率。

b.利息资本化金额的限额

根据《企业会计准则》的规定，在应予资本化的每一会计期间，利息和折价或溢价摊销的资本化金额，不得超过当期专门借款实际发生的利息和折价或溢价的摊销金额。如果根据累计支出加权平均数乘以资本化率计算出来的利息资本化金额超过当期专门借款实际发生的利息与折价或溢价的摊销金额之和（或差）时，以当期实际发生的利息与折价或溢价的摊销金额之和（或差）作为当期应予资本化的利息金额。

④利息资本化的停止

根据《企业会计准则》的规定，当所购置或建造的固定资产达到预定可使用状态时，应当停止其借款费用的资本化，以后发生的利息费用直接计入当期损益。

所谓"达到预定可使用状态"是指资产已经达到购买方或建造方预先设想的可以使用的状态，确定在建工程的利息费用停止资本化的时点需要较多的判断。

为了便于实际操作，《企业会计准则》认为可以从以下几个方面来加以判断：

a.固定资产的实体建造（包括安装）工作已经全部完成或者实质上已经完成，即应认为资产的购置或建造工作已经完成；

b.所购置或建造的固定资产与设计或合同要求相符合或基本相符，即使有极个别与设计或合同要求不相符的地方，也不会影响其正常使用；

c.继续发生在固定资产上的支出金额很少或几乎不再发生。

符合上述几个条件之一，即应认为资产已达到预定可使用状态，应停止利息的资本化。

（3）投资者投入的固定资产的成本。应当按照投资合同或协议约定的价值确定，但合同或协议约定价值不公允的除外。在投资合同或协议约定价值不公允的情况下，按照该项固定资产的公允价值作为入账价值。

（4）通过非货币性资产交换、债务重组、企业合并等方式取得的固定资产的成本。

企业通过非货币性资产交换、债务重组、企业合并等方式取得的固定资产，其成本应当分别按照《企业会计准则第7号——非货币性资产交换》《企业会计准则第12号——债务重组》《企业会计准则第20号——企业合并》等的规定确定。但是，其后续计量和披露应当执行固定资产准则的规定。

（5）盘盈的固定资产的成本。盘盈的固定资产，作为前期差错处理，在按管理权限报经批准处理前，应先通过"以前年度损益调整"科目核算。

（6）存在弃置义务的固定资产的成本。对于特殊行业的特定固定资产，确定其初始成本时，还应考虑弃置费用。弃置费用通常是根据国家法律和行政法规、国际公约等规定，企业承担的环境保护和生态恢复所确定的支出，如核电站设施等的弃置和恢复环境义务。

（三）固定资产的后续计量

（1）固定资产折旧。折旧是指在固定资产的使用寿命内，按照确定的方法对应计折旧额进行的系统分摊。应计折旧额，是指应当计提折旧的固定资产的原价扣除其预计净残值后的余额。如果已准备对固定资产计提减值，还应当扣除已计提的固定资产减值准备累计金额。

（2）影响固定资产折旧的因素。主要有以下几个方面：

①固定资产原价，指固定资产的成本。

②预计净残值，指假定固定资产预计使用寿命已满，并处于使用寿命终了时的预定状态，企业目前从该项资产处置中获得的扣除预计处置费用后的金额。

③固定资产减值准备，指固定资产已计提的固定资产减值准备累计金额。固定资产计提减值准备后，应当在剩余使用寿命内，根据调整后的固定资产账面价值（固定资产账面余额扣减累计折旧和累计减值准备后的金额）和预计净残值，重新计算确定折旧率和折旧额。

④固定资产的使用寿命，指企业使用固定资产的预计期间，或者该固定资产所能生产产品或提供劳务的数量。

（3）计提折旧的固定资产范围。企业应当对所有的固定资产计提折旧，但是，已提足折旧、仍在继续使用的固定资产和单独计价入账的土地除外。在确定计提折旧的固定资产的范围时，还应注意以下几点：

①固定资产应当按月计提折旧，并根据用途计入相关资产的成本或当期损益。为了简化核算，当月增加的固定资产，当月不计提折旧，从下月开始计提折旧；当月减少的固定资产，当月仍计提折旧，从下月起不计提折旧。

②固定资产提足折旧以后，不论能否继续使用，均不再计提折旧，提前报废的固定资产也不再补提折旧。

③已达到预定可使用状态，但尚未办理竣工决算的固定资产，应当按照估计价值确定其成本，并计提折旧；待办理竣工决策后，再按照实际成本调整原来的暂估价值，但

不需要调整原已计提的折旧额。

（4）固定资产折旧方法。固定资产折旧的方法有年限平均法、工作量法、双倍余额递减法和年数总和法等。企业选用不同的固定资产折旧方法，将影响固定资产使用寿命期间内不同时期的折旧费用，因此，固定资产的折旧方法一经确定，不得随意变更。如需变更应当符合相关规定。

①年限平均法

年限平均法，即直线法，是指将固定资产应计折旧额均衡地分摊到固定资产预计使用寿命内的一种方法。其计算公式为：

年折旧率=〔（1－预计净残值率）/预计使用寿命（年）〕×100%

月折旧率=年折旧率÷12

月折旧额=固定资产原价×月折旧率

年限平均法计算固定资产折旧虽然比较简便，但它也存在着一些局限性。首先，固定资产在不同使用年限提供的经济效益是不同的。一般来说，固定资产在其使用前期工作效率高，所带来的经济利益相对也多；而在其使用后期，工作效率一般呈下降趋势，因而所带来的经济利益也就逐渐减少。年限平均法没有考虑这种情况，明显不合理。其次，固定资产在不同的使用年限发生的维修费用也不一样。固定资产的维修费用将随着其使用时间的延长而不断增加，而年限平均法也没有考虑这一因素。

②工作量法

工作量法，是根据实际工作量计算每期应计折旧额的一种方法。其计算公式如下：

单位工作量折旧额=固定资产原价×（1－预计净残值率）÷预计总工作量

某项固定资产月折旧额=该项固定资产当月工作量×单位工作量折旧额

③双倍余额递减法

双倍余额递减法，是指在不考虑固定资产预计净残值的情况下，根据每期期初固定资产原价，减去累计折旧后的余额和双倍的直线法折旧率，来计算固定资产折旧的一种方法。其计算公式如下：

年折旧率=2/预计使用寿命（年）×100%

月折旧率=年折旧率÷12 月折旧额=固定资产账面净值×月折旧率

应用这种方法需要特别注意的是，由于每年年初固定资产净值没有扣除预计净残值，因此，在应用这种方法计算折旧额时，必须注意不能使固定资产的账面折余价值降低到其预计净残值以下，即实行双倍余额递减法计提折旧的固定资产，应在其折旧年限到期前两年内，将固定资产扣除预计净残值后的余额平均摊销。

④年数总和法

年数总和法，又称年限合计法，是以用固定资产的原价减去预计净残值的余额乘以一个以固定资产尚可使用的寿命为分子、以预计使用寿命逐年数字之和为分母的逐年递减的分数计算每年的折旧额。其计算公式如下：

年折旧率=尚可使用年限/预计使用寿命的年数总和×100% 月折旧率=年折旧率÷12

月折旧额=（固定资产原价—预计净残值）×月折旧率

综上，双倍余额递减法和年数总和法都属于加速折旧法，其特点是在固定资产使用的早期多提折旧，后期少提折旧，其递减的速度逐年加快，从而相对加快折旧的速度，目的是使固定资产成本在估计使用寿命内加快得到补偿。

（5）固定资产的后续支出。是指固定资产在使用过程中发生的更新改造支出、修理费用等。后续支出的处理原则为：符合固定资产确认条件的，应当计入固定资产成本，同时将被替换部分的账面价值扣除；不符合固定资产确认条件的，应当计入当期损益。

（6）固定资产的处置。固定资产满足下列条件之一的，应当予以终止确认：

①该固定资产处于处置状态。固定资产处置包括固定资产的出售、转让、报废或毁损、对外投资、非货币性交换、债务重组等。

②该固定资产预期通过使用或处置不能产生经济利益。固定资产的处置一般通过"固定资产清理"科目核算。固定资产盘亏造成的损失，应当计入当期损益，一般通过"待处理财产损溢——待处理固定资产损溢"科目核算。

六、无形资产

（一）无形资产的概念、特征和内容

无形资产指企业拥有或控制的没有实物形态的可辨认非货币性资产。

无形资产具有以下几点特征：

（1）无形资产是由企业拥有或控制，并能为其带来未来经济利益的资源；

（2）无形资产不具有实物形态；

（3）无形资产具有可辨认性；

（4）无形资产属于非货币性资产。

无形资产的内容通常包括专利权、非专利技术、商标权、著作权、特许权、土地使用权等。

（1）专利权，是指国家专利主管机关依法授予发明创造专利申请人对其发明创造在法定期限内所享有的专有权利，包括发明专利权（期限 20 年）、实用新型专利权（期限 10 年）和外观设计专利权（期限 10 年）。

（2）非专利技术，也称专有技术。它是指不为外界所知、在生产经营活动中已采用了的、不享有法律保护的、可以带来经济利益的各种技术和诀窍。非专利技术并不是专利法的保护对象，非专利技术用自我保密的方式来维持独占性，具有经济性、机密性和动态性等特点。

（3）商标权是用来辨认特定的商品或劳务的标记。商标权指专门在某类指定的商品或产品上使用特定的名称或图案的权利。

（4）著作权，又称版权，指作者对其创作的文学、科学和艺术作品依法享有的某些特殊权利。著作权包括作品署名权、发表权、修改权和保护作品完整权，还包括复制权、发行权、出租权、展览权、表演权、放映权、广播权、信息网络传播权、摄制权、改编权、翻译权、汇编权以及应当由著作权人享有的其他权利。

（5）特许权，又称经营特许权、专营权，指企业在某一地区经营或销售某种特定商品的权利或一家企业接受另一家企业使用其商标、商号、技术秘密等的权利。

（6）土地使用权，指国家准许某企业在一定期间内对国有土地享有开发、利用、经营的权利。

（二）无形资产的初始计量

无形资产通常是按照实际成本计量，即以取得无形资产，并使之达到预定用途而发生的全部支出作为无形资产的成本。对于通过不同来源取得的无形资产，其初始成本构成也不尽相同。

（1）外购的无形资产，其成本包括购买价款、相关税费以及直接归属于使该项资产达到预定用途所发生的其他支出，如使无形资产达到预定用途所发生的专业服务费和测试无形资产是否能够正常发挥作用的费用等。

（2）投资者投入的无形资产的成本，应当按照投资合同或协议约定的价值确定无形资产的取得成本。如果投资合同或协议约定价值不公允的，应按无形资产的公允价值作为无形资产初始成本入账。

（3）通过非货币性资产交换取得的无形资产，包括以投资、存货、固定资产或无形资产换入的无形资产等。非货币性资产交换具有商业实质，且公允价值能够可靠计量的，在发生补价的情况下，支付补价方应当以换出资产的公允价值加上支付的补价和应支付的相关税费，作为换入无形资产的成本；收到补价方，应当以换入无形资产的公允价值和应支付的相关税费，作为换入无形资产的成本。

（4）通过债务重组取得的无形资产，是指企业作为债权人取得的债务人用于偿还债务的非现金资产，且企业作为无形资产管理的资产。通过债务重组取得的无形资产成本，应当以其公允价值加上支付的相关税费入账。

（5）通过政府补助取得的无形资产成本，应当按照公允价值计量；公允价值不能可靠取得的，应按照名义金额计量。

（6）土地使用权的处理。企业取得的土地使用权，通常应当按照取得时所支付的价款及相关税费确认为无形资产。土地使用权用于自行开发建造厂房等地上建筑物时，土地使用权的账面价值不与地上建筑物合并计算其成本，而仍作为无形资产进行核算，土地使用权与地上建筑物分别进行摊销和计提折旧。需要特别注意的是，企业改变土地使用权的用途，将其用于出租或增值目的时，应将其转为投资性房地产。

（7）企业合并中取得的无形资产成本。企业合并中取得的无形资产，按照企业合并的分类，应分别处理：

①同一控制下的企业合并中，若为吸收合并，应按照被合并企业无形资产的账面价值，确认为取得时的初始成本；同一控制下的企业合并中，若为控股合并，合并方在合并日编制合并报表时，应当按照被合并方无形资产的账面价值作为合并基础。

②非同一控制下的企业合并中，购买方取得的无形资产以其在购买日的公允价值计量。

（三）无形资产的后续计量

（1）无形资产后续计量的原则为：无形资产经过初始确认和计量后，在其后使用该项无形资产期间内，应以成本减去累计摊销额和累计减值损失后的余额计量。要确定无形资产在使用过程中的累计摊销额，基础是估计其使用寿命，而使用寿命有限的无形资产才需要在估计使用寿命内采用系统合理的方法进行摊销，对于使用寿命不确定的无形资产则不需要摊销。

（2）对于使用寿命有限的无形资产，应在其预计的使用寿命内采用系统合理的方法对应摊销金额进行摊销。使用寿命有限的无形资产，其残值一般应当视为零。

无形资产的摊销自其可供使用时起，至终止确认时止，即无形资产的摊销的起始和停止时间为：当月增加的无形资产，当月开始摊销；当月减少的无形资产，当月不再摊销。

（3）对于使用寿命不确定的无形资产，根据可获得的相关信息判断，如果无法合理估计某项无形资产的使用寿命，应将其作为使用寿命不确定的无形资产进行核算。对于使用寿命不确定的无形资产，在持有期间内不需要摊销，但应当在每个会计期间进行减值测试。减值测试的方法按照资产减值的原则进行，借记"资产减值损失"科目，贷记"无形资产减值准备"科目。

（四）无形资产的处置

无形资产的处置，主要是指无形资产出售、对外出租、对外捐赠，或者在资产无法为企业带来未来经济利益时，予以终止确认并转销。

1.无形资产的出售

企业出售某项无形资产，表明企业放弃无形资产的所有权，应将其取得的价款与该无形资产账面价值的差额作为资产处置利得或损失，与固定资产处置的性质相同，计入当期损益。但是，值得注意的是，企业出售无形资产确认其利得的时点，应按照收入确认中的相关原则进行确定。

2.无形资产的出租

企业将所拥有的无形资产的使用权让渡给别人，并收取租金，属于与企业日常活动相关的其他经营活动取得的收入，在满足收入确认条件的情况下，应确认相关的其他经营活动取得的收入及成本，并通过其他业务收支科目进行核算。

3.无形资产的报废

如果无形资产预期不能为企业带来未来经济利益。例如，该无形资产已被其他新技术所替代或超过法律保护期，不能再为企业带来经济利益的，则不再符合无形资产的定义，应将其报废并予以转销，其账面价值转作当期损益。

七、投资性房地产

（一）投资性房地产的概念、特征和范围

1.投资性房地产的概念

根据 2006 年 2 月 15 日颁布的《企业会计准则——基本准则》，投资性房地产的确认、计量和披露适用《企业会计准则第 3 号——投资性房地产》。

投资性房地产，是指为赚取租金或资本增值，或者两者兼有而持有的房地产。

2.投资性房地产的特征

投资性房地产主要有以下特征：

（1）投资性房地产是一种经营性活动；投资性房地产的主要形式是出租建筑物、出租土地使用权，这实质上属于一种让渡资产使用权行为。

（2）投资性房地产在用途、状态、目的等方面区别于作为生产经营场所的房地产和用于销售的房地产；

（3）投资性房地产有两种后续计量模式。企业通常应当采用成本模式对投资性房地产进行后续计量，只有在满足特定条件的情况下，即有确凿证据表明所有投资性房地产的公允价值能够持续可靠地取得的，才可以采用公允价值模式进行后续计量。特别要注意的是，同一企业只能采用一种模式对所持有的投资性房地产进行后续计量，不得同时采用两种计量模式进行后续计量。

3.投资性房地产的范围

投资性房地产的范围包括已出租的土地使用权、持有并准备增值后转让的土地使用权、已出租的建筑物。投资性房地产不包括自用房地产和作为存货的房地产。

已出租的土地使用权，是指企业通过出让或转让方式取得的、以经营租赁方式出租的土地使用权。自租赁协议约定的租赁期开始日起，这项土地使用权属于出租方的投资性房地产。

已出租的建筑物，是指企业拥有产权的、以经营租赁方式出租的建筑物，包括自行建造或开发活动完成后用于出租的建筑物。

持有并准备增值后转让的土地使用权，是指企业取得的、准备增值后转让的土地使用权。

注意，对于以经营租赁方式租入土地使用权再转租给其他单位的，不能确认为投资性房地产。

（二）投资性房地产的初始计量

1.外购投资性房地产的初始计量

在成本计量模式下，外购的土地使用权和建筑物，按照取得时的实际成本进行初始计量，取得时的成本包括购买价款、相关税费和可直接归属于该项资产的其他支出。企业购入的房地产，部分用于出租（或资本增值）、部分自用，用于出租的部分应当予以单独确认的，应按照不同部分的公允价值占公允价值总额的比例，将成本在不同部分之间进行分配。

在公允价值计量模式下，企业应当在"投资性房地产"科目下设置"成本"和"公允价值变动"两个明细科目，按照外购的土地使用权和建筑物发生的实际成本，记入"投资性房地产——成本"科目。

2.自行建造投资性房地产的初始计量

自行建造投资性房地产的初始计量的成本由建造该项资产达到预定可使用状态前发生的必要支出构成，包括土地开发费、建筑成本、安装成本、应予以资本化的借款费用、支付的其他费用和分摊的间接费用等。建造过程中发生的非正常性损失，直接计入当期损益，不计入建造成本。

3.非投资性房地产转换为投资性房地产的初始计量

非投资性房地产转换为投资性房地产的初始计量实质上是因房地产用途发生改变而对房地产进行的重分类，转换日通常为租赁开始日。相关内容将在"投资性房地产的转换和处置"中进行介绍。

（三）投资性房地产的后续计量

1.采用成本模式进行后续计量的投资性房地产

采用成本模式进行后续计量的投资性房地产应当按照《企业会计准则第4号——固定资产》或《企业会计准则第6号——无形资产》的有关规定，按期计提折旧或摊销，借记"其他业务成本"等科目，贷记"其他业务收入"等科目。

投资性房地产存在减值迹象的，还应当遵照资产减值的有关规定。经减值测试后确定发生减值的，应当计提减值准备，借记"资产减值损失"科目，贷记"投资性房地产减值准备"科目。如果已经计提减值准备的投资性房地产的价值又得以恢复，不得转回。

2.采用公允价值模式进行后续计量的投资性房地产

企业存在确凿证据表明其投资性房地产的公允价值能够持续可靠取得的，可以对投资性房地产采用公允价值模式进行后续计量。企业选择公允价值计量模式，就应当对所有投资性房地产采用公允价值模式进行后续计量，不能对一部分投资性房地产采用成本模式进行后续计量，对另一部分投资性房地产采用公允价值模式进行后续计量。

采用公允价值模式计量的投资性房地产，应当同时满足下列条件：

（1）投资性房地产所在地有活跃的房地产交易市场

（2）企业能够从活跃的房地产交易市场中取得同类或类似房地产的市场价格及其它相关信息，从而对投资性房地产的公允价值做出合理的估计。

投资性房地产的公允价值是指在公平交易中，熟悉情况的当事人之间自愿进行房地产交换的价格。确定投资性房地产的公允价值时，应当参照活跃市场中同类或类似房地产的现行市场价格来确定；无法取得同类或类似房地产现行市场价格的，应当参照活跃市场中同类或类似房地产的最近交易价格确定，并考虑交易情况、交易日期、所在区域等因素，从而对投资性房地产的公允价值做出合理的估计；也可以基于预计未来获得的租金收益和相关现金流量予以计量。

投资性房地产采用公允价值模式进行后续计量的，不计提折旧或摊销，应当以资产负债表日的公允价值计量。在资产负债表上，投资性房地产的公允价值高于其账面价值的差额，借记"投资性房地产——公允价值变动"科目，贷记"公允价值变动损益"科目；公允价值低于其账面余额的差额，做相反的账务处理。

3.投资性房地产后续计量模式的变更

为保证会计信息的可比性，企业对投资性房地产的计量模式一经确定，不得随意变更。只有在房地产市场比较成熟、能够满足采用公允价值模式条件的情况下，才允许企业对投资性房地产从成本模式计量变更为公允价值模式计量。成本模式转为公允价值模式的，应当作为会计政策变更处理，并按计量模式变更时公允价值与账面价值的差额调整期初留存收益。已采用公允价值模式计量的投资性房地产，不得从公允价值模式转为成本模式。

（四）投资性房地产的转换和处置

当投资性房地产被处置，或永久性退出使用且预计不能从其处置中取得经济利益时，应当终止确认该项投资性房地产。

处置采用成本模式进行后续计量的投资性房地产时，按照实际收到的金额，借记"银行存款"等科目，贷记"其他业务收入"科目；按该项投资性房地产的账面价值，借记"其他业务成本"科目，按其账面余额，贷记"投资性房地产"科目；按照已计提的折旧或摊销，借记"投资性房地产累计折旧（摊销）"科目，原已计提减值准备的，借记"投资性房地产减值准备"科目。

处置采用公允价值模式计量的投资性房地产时，应当按实际收到的金额，借记"银行存款"等科目，贷记"其他业务收入"科目；按该项投资性房地产的账面余额，借记"其他业务成本"科目，按其成本，贷记"投资性房地产——成本"科目；按其累计公允价值变动，贷记或借记"投资性房地产——公允价值变动"科目。

第四节 负债项目

一、流动负债项目

（一）短期借款

短期借款是指企业向银行或其他金融机构等借入的期限在 1 年以下（含 1 年）的各种借款。企业借入的短期借款构成了一项负债。

（二）以公允价值计量且其变动计入当期损益的金融负债

金融负债是负债的组成部分，主要包括短期借款、应付票据、应付债券、长期借款等。金融负债应按照《企业会计准则》中关于金融工具确认和计量的规定进行会计处理。金融负债在初始确认时分为以下两类：

（1）以公允价值计量且其变动计入当期损益的金融负债；

（2）其他金融负债。

需要注意的是，对金融负债进行分类后，不能随意变更。

（三）应付票据

应付票据是由出票人出票，委托付款人在指定日期无条件支付特定的金额给收款人或者持票人的票据。应付票据按是否带息分为带息应付票据和不带息应付票据两种。

（四）应付账款及预收账款

应付账款是指因购买材料、商品或接受劳务供应等而发生的债务。这是买卖双方由于取得物资或服务与支付货款在时间上不一致而产生的负债。

预收账款是买卖双方协议商定，由购货方预先支付一部分货款给供应方而发生的一项负债。预收账款的核算应视企业的具体情况而定。预收账款较多的，可以设置"预收账款"科目；预收账款不多的，也可以不设置"预收账款"科目，直接记入"应收账款"科目的贷方。

（五）职工薪酬

职工薪酬是指企业为获得职工提供的服务而给予各种形式的报酬以及其他相关支出。这里"职工"的定义比较宽泛，包括三类人员：一是与企业订立劳动合同的所有人员，含全职、兼职、临时职工；二是未与企业签订劳动合同、但是由企业正式任命的企业治理层和管理层人员，如董事会成员、监事会成员等，尽管有些董事会、监事会成员不是本企业员工，未与企业订立劳动合同，但对其发放的津贴、补贴等仍属于职工薪酬；三是在企业的计划和控制下，虽未与企业订立劳动合同或未由其正式任命，但为其提供与职工类似服务的人员，如通过中介机构签订用工合同，为企业提供与本企业职工类似服务的人员。

企业需要全面综合考虑职工薪酬的内容，以确保其准确性。职工薪酬主要包括以下内容：

（1）职工工资、奖金、津贴和补贴；

（2）职工福利费；

（3）医疗保险费、养老保险费、失业保险费、工伤保险费和生育保险费等社会保险费；

（4）住房公积金；

（5）工会经费和职工教育经费；

（6）非货币性福利；

（7）因解除与职工的劳动关系给予的补偿；

（8）其他与获得职工提供的服务相关的支出。

（六）应交税费

1.增值税

增值税是就货物或应税劳务的增值部分征收的一种税。按照《中华人民共和国增值税暂行条例》（以下简称《条例》）规定，企业购入货物或接受应税劳务时支付的增值税（即进项税额），可以从销售货物或提供劳务按规定收取的增值税（即销项税额）中抵扣。按照规定，企业购入货物或接受劳务必须具备以下凭证，其进项税额才能予以扣除：

①增值税专用发票。实行增值税以后，一般纳税企业销售货物或者提供应税劳务均应开具增值税专用发票，增值税专用发票记载了销售货物的售价、税票以及税额等，购货方以增值税专用发票上记载的购入货物和已支付的税额，作为扣税和记账的依据。

②完税凭证。企业进口货物必须缴纳增值税，其缴纳的增值税在完税凭证上注明，进口货物缴纳的增值税根据从海关取得的完税凭证上注明的增值税额，作为扣税和记账依据。

值得注意的是，按照修订后的《条例》，企业购入机器设备等生产经营固定资产所支付的增值税，在符合税收法律法规规定的情况下，也应从销项税额中扣除，不再计入固定资产成本。按照《条例》规定，企业购入的用于集体福利或个人消费等目的的固定资产而支付的增值税，不能从销项税额中扣除，仍应计入固定资产成本。购进免税农产品或收购废旧物资，按照经税务机关批准的收购凭证上注明的价款或收购金额的一定比率计算税额，并以此作为扣税和记账的依据。

2.消费税

消费税是国家为了调节消费结构，正确引导消费方向，在普遍征收增值税的基础上，针对部分消费品而征收的一种流转税。消费税的特点可以概括为以下几点：

（1）消费税是一种价内税，也就是说，消费品的销售价格中已经包含了消费税，消费品是带着消费税参加商品流转的。

（2）消费税是单环节征收的税，一般是生产的消费品在进入流通环节时计算并缴纳消费税。销售应税消费品应缴纳的消费税，借记"营业税金及附加"等科目，贷记"应交税费——应交消费税"科目；以生产的商品作为股权投资、用于在建工程、非生产机构等，按规定应缴纳的消费税，借记"在建工程"等科目，贷记"应交税费——应交消费税"科目。进口的消费品在报关进口时计算并缴纳消费税，计入进口货物的成本。委托加工物资由受托方在加工完成后代收代缴消费税，委托加工物资收回后，直接用于销售的，将代收代缴的消费税计入委托加工物资的成本；委托加工物资收回后用于连续生产的，按规定准予抵扣消费税。

（3）只对部分商品征收消费税，仅对酒、烟、化妆品、汽车、汽油、珠宝、烟花等 15 类消费品征收消费税。

消费税的征收方法采取从价定率和从量定额两种方法。消费税的税基与增值税基本相同，具体而言，采用从价定率计算的应纳税额的税基为消费品的销售额，这里的销售额包括向购买方收取的全部价款和价外费用（不含增值税）；实行从量定额方法计算的应纳税额的销售数量是指应税消费品的数量。

3.营业税

营业税是对提供劳务、转让无形资产或者销售不动产的单位或个人征收的税种。营业税按照营业额和规定的税率计算应纳税额，其公式为：

应纳税额=营业额×税率

这里的营业额是指企业提供应税劳务、转让无形资产或者销售不动产向对方收取的全部价款和价外费用。价外费用包括向对方收取的手续费、基金、集资费、代收款项、代垫款项及其他各种性质的价外收费。对于服务业企业，其主营业务的收入均属于计算营业税的基础。对于所有行业均需缴纳营业税的特殊业务（如销售不动产、转让无形资产等）所取得的收入，按规定记入"固定资产清理""其他业务支出"等科目。

4.资源税

资源税是国家对在我国境内开采矿产品或者生产盐的单位和个人征收的一种税。资源税按照应税产品的课税数量和规定的单位税额计算，其公式为：

应纳税额=课税数量×单位税额

这里的课税数量具体为：开采或生产应税产品销售的，以销售数量为课税数量；开采或生产应税产品自用的，以自用数量为课税数量。

5.土地增值税

国家从 1994 年起开征土地增值税，转让国有土地使用权、地上建筑物及其附着物并取得收入的单位和个人，均应缴纳土地增值税。土地增值税按照转让房地产所取得的增值额和规定的税率计算征收。

6.房产税、土地使用税、车船税和印花税

房产税是国家向在城市、县城、建制镇和工矿区的产权所有人征收的一种税。房产税按照房产原值一次减除 10%至 30%后的余额计算征收。

土地使用税是国家为了合理利用城镇土地，调节土地级差收入，提高土地使用效益，加强土地管理而开征的一种税。以纳税人实际占用的土地面积为计税依据，按照规定税额计算征收。

车船税由拥有并且使用车船的单位和个人缴纳。

印花税是对书立、领受购销合同等凭证行为征收的一种税，实行由纳税人根据规定自行计算应纳税额，购买并一次贴足印花税票的缴纳方法。应纳税凭证包括购销、加工承揽、建设工程承包、财产租赁、货物运输、仓储保管、借款、财产保险、技术合同或者具有合同性质的凭证；产权转移书据；营业账簿；权利、许可证照等。

7.城市维护建设税

城市维护建设税是为了保证城市建设的资金来源而征收的一种地方税。凡是缴纳增值税、消费税、营业税的纳税人，都应缴纳城市维护建设税。其计算公式为：

城市维护建设税=（增值税+消费税+营业税）×适用税率

城市维护建设税实际上是一种附加税，是附加在增值税、消费税、营业税之上的税种，因此其会计处理与消费税、营业税基本相同。

8.所得税

企业的生产、经营所得和其他所得，依照《条例》及其细则的规定需要缴纳所得税。

9.耕地占用税

耕地占用税是国家为了利用土地资源、加强土地管理、保护农用耕地而征收的一种税。耕地占用税以实际占用的耕地面积计税，按照规定税额一次性征收。

（七）应付利息

应付利息，是指企业按照合同约定应支付的利息，包括吸收存款、分期付息到期还本的长期借款、企业债券等应支付的利息。

（八）应付股利

应付股利，是指企业经股东大会或类似机构审议批准分配的现金股利或利润。企业股东大会或类似机构审议批准的利润分配方案、宣告分配的现金股利或利润，在实际支付前，形成企业的负债。

（九）其他应付款

其他应付款，是指企业除应付票据、应付账款、预收账款、应付职工薪酬、应付利息、应付股利、应缴税费等以外的其他各项应付、暂收款项。

二、非流动负债项目

（一）长期借款

长期借款，是指企业从银行或其他金融机构借入的、期限在 1 年以上（不含 1 年）的借款。长期借款按不同的标准可分为不同的种类，如按取得的途径，可分为从银行取得的长期借款和从非银行金融机构取得的长期借款；按归还期限可分为定期偿还的长期借款和分期偿还的长期借款；按使用结果可分为形成固定资产的长期借款和形成流动资产的长期借款；按借款条件可分为抵押借款、担保借款和信用借款；按借入的币种可分为人民币借款和外汇借款。

长期借款利息的计算公式为：

长期借款利息=长期借款本金×利率

一般情况下，将长期借款的利息与本金合并反映在"长期借款"科目中，因此资产负债表中的"长期借款"项目反映的是企业向银行或其他金融机构借入款项的本金和利息。

长期借款通常用于固定资产购建，借款利息一方面与长期借款本金合并反映，另一方面涉及借款利息是资本化计入资产成本，还是计入当期损益的问题。为此，《企业会计准则第 17 号——借款费用》规定了借款费用的范围以及处理原则。该准则将借款费用界定为企业因专门借款而发生的利息、折价或溢价的摊销和辅助费用，以及因外币借款而发生的汇兑差额。专门借款是指为购建固定资产而专门借入的款项。但与融资租赁有关的融资费用以及房地产开发过程中发生的借款费用不在该准则规定的范围内。

因专门借款而发生的利息、折价或溢价摊销和汇兑差额，在符合准则规定的资本化条件的情况下，应当予以资本化，计入该资产的成本；其他的借款利息、折价或溢价的摊销以及汇兑差额，应于发生当期确认为费用，计入财务费用。因安排专门借款而发生的辅助费用，属于在所购建固定资产达到预定可使用状态之前发生的，应当在发生时予以资本化，以后发生的辅助费用应当于发生当期确认为费用。如果辅助费用的金额较小，也可以于发生当期确认为费用。因安排其他借款而发生的辅助费用应于发生当期确认为费用。

依据《企业会计准则第 17 号——借款费用》，当下述三个条件同时具备时，开始借款费用的资本化：

（1）资产支出已经发生；

（2）借款费用已经发生；

（3）为使资产达到预定可使用状态所必要的购建活动已经开始。

企业开始了某项专门借款费用的资本化，并不意味着就可以一直资本化下去，即使固定资产尚未购建完成。也就是说，在固定资产购建过程中，企业有可能需要暂停借款费用的资本化。依据《企业会计准则第 17 号——借款费用》规定，当固定资产的购建活动发生非正常中断，并且中断时间连续超过 3 个月，应当暂停借款费用的资本化，将其确认为当期费用，直到资产的购建活动重新开始。但若中断固定资产的购建活动是使购建的固定资产达到预定可使用状态所必要的程序，则借款费用的资本化应当继续进行。依据《企业会计准则第 17 号——借款费用》规定，当所购建的固定资产达到了预定可使用状态时，应当停止其借款费用的资本化，此后发生的借款费用应当于发生当期确认为财务费用。所购建的固定资产达到了预定可使用状态是指资产已经达到购买方或建造方预定的可使用状态。

（二）应付债券

企业发行的超过 1 年期以上的债券，构成了企业的长期负债。公司债券的发行方式有三种，即面值发行、溢价发行、折价发行。折价或溢价是发行债券的企业在债券存续期内对利息费用的一种调整。

我国发行可转换公司债券采取记名、无纸化方式。企业发行的可转换公司债券，应当在初始确认时将其包含的负债成分和权益成分进行分拆，将负债成分确认为应付债券，将权益成分确认为资本公积。

（三）长期应付款

长期应付款，是指企业除长期借款和应付债券以外的其他各种长期应付款项，包括应付融资租入固定资产的租赁费、以分期付款方式购入固定资产发生的应付款项等。

第五节 所有者权益项目

一、实收资本

实收资本（股本）项目反映各投资者实际投入的资本总额，应根据"实收资本（股本）"科目的期末余额直接填列。

实收资本（股本）项目反映企业股东按照公司章程和投资协议的规定投入企业的股本，股份有限公司的股东可以用货币投资，也可以用建筑物、厂房、机器设备等有形资产或工业产权、非专利技术、土地使用权等无形资产折价入股。以无形资产（不含土地使用权）作价所折股份，其金额一般不得超过公司注册资本的20%；以国有资产作价入股的，须按国务院及国有资产管理部门的有关规定办理资产评估、确认、验证手续。国有资产折价入股后形成的股份，应按有关规定分别构成国家股和法人股。《中华人民共和国公司法》（以下简称《公司法》）规定，投资者对企业进行投资后，一般情况下不能抽回投资，如遇特殊情况，按法定程序报经批准减少注册资本的，按减少的注册资本金额减少实收资本（股本）。"股本"项目表示股东实际投资的股份与股票面额的乘积，并按单独项目列示在资产负债表所有者权益部分的第一项。"股本"项目应按股票种类及股东单位、姓名设置明细账。非公司制企业一般设置与"股本"项目性质相同的"实收资本"项目，以核算国家以及各投资者投入资本的情况，该科目可设置"国家投资""法人单位投资""个人投资"三个明细科目。

《公司法》规定企业的"股本"或"实收资本"项目记录的数额应与企业向管理部门登记的注册资本一致。当投入资本超过或不足注册资本的20%时，都应到工商管理部门重新办理登记注册。这里涉及三个概念，即注册资本、实收资本、投入资本。注册资本是企业在工商登记机关登记的投资者认缴的出资额。我国设立企业采用注册资本制，投资者出资达到法定注册资本的要求是企业成立的先决条件，而且根据注册资本制的要求，企业会计核算中的实收资本即为法定资本，应当与注册资本一致，企业不得擅自改变注册资本数额或抽逃资金。投入资本是投资者作为资本实际投入到企业的资金数额，一般情况下，投资者投入资本，既构成企业的实收资本，也正好等于其在工商登记机关登记的注册资本。但是在特殊情况下，投资者也会因种种原因超额投入，从而使投入资本超过注册资本，但会计核算时不能将超过部分作为实收资本处理。企业资本除下列情况外，不得随意变动：

（1）符合增资条件，并经有关部门批准增资的，在实际取得投资者的出资时，登记入账。如果是投资者追加投入，其账务处理与投资者投入资本基本相同。企业可以将资本公积、盈余公积等转为实收资本。资本公积和盈余公积均属于所有者权益，转为实收资本后，所有者权益总额没有发生变动，没有改变各所有者所持资本的比例，只是改变其资本持有数额。

（2）企业按照法定程序报经批准减少注册资本的，在实际发还投资时登记入账。采用收购本企业股票方式减资的，在实际购入本企业股票时登记入账。减资时应借记"股本"科目，贷记"银行存款（或其他资产）"等科目。

二、资本公积

资本公积是企业收到投资者的超出其在企业注册资本（或股本）中所占份额的投资，以及直接计入所有者权益的利得和损失等。资本公积包括资本溢价（或股本溢价）和直接计入所有者权益的利得和损失等。

资本溢价（或股本溢价）是企业收到投资者的超出其在企业注册资本（或股本）中

所占份额的投资。形成资本溢价（或股本溢价）的原因有溢价发行股票、投资者超额缴入资本等。

直接计入所有者权益的利得或损失是指不应计入当期损益、会导致所有者权益发生增减变动的，与所有者投入资本或者向所有者分配利润无关的利得或者损失。此类资本公积主要由下列交易或事项引起：

（1）采用权益法核算的长期股权投资；

（2）以权益结算的股份支付；

（3）存货或自用房地产转换为投资性房地产；

（4）可供出售金融资产公允价值的变动；

（5）可供出售外币非货币性项目的汇兑差额；

（6）金融资产的重分类。

三、留存收益

（一）盈余公积

根据《公司法》等有关法规的规定，企业当年实现的净利润，一般应当按照如下顺序进行分配：

（1）提取法定公积金；

（2）提取任意公积金；

（3）向投资者分配利润或股利。

企业提取盈余公积主要可以用于以下几个方面：

（1）弥补亏损。弥补亏损的渠道主要有三条：一是用以后年度税前利润弥补；二是用以后年度税后利润弥补；三是用盈余公积弥补亏损。

（2）转增资本。企业将盈余公积转增资本时，必须经股东大会决议批准。在实际将盈余公积转增资本时，要按股东原有持股比例结转。

（3）扩大企业生产经营。

（二）未分配利润

未分配利润是企业留待以后年度进行分配的结存利润，也是企业所有者权益的组成部分。相对于所有者权益的其他部分来讲,企业对于未分配利润的使用分配有较大的自主权。从数量上来讲,未分配利润是期初未分配利润,加上本期实现的净利润,减去提取的各种盈余公积和分出的利润后的余额。

第六节 企业资产负债表分析

在企业的经营管理过程中,会计工作涉及企业的内部交易和资金的流动,其中,资产负债表能较好地反映企业不同时期的财务状况,因此被称为第一报表。企业为了解企业财务会计的现状,在日常核算中,应遵循要求各资产、负债、所有者权益之和等额的计算原则。通过对报告的数据进行深入分析,了解公司各个方面的经营状况。

一、从管理学角度分析资产负债表

(一)会计要素资产负债表

会计要素资产负债表采用"资产=负债+权益"的方法,实现要素数量关系的转化。右边是负债、权益和总利润,左边是资产总额。会计要素资产负债表的合理使用能提高企业的管理效率。

(二)资产负债表和企业战略资产负债表的会计要素转换

首先需要关注的是资产结构策略。资产负债表的左栏中的会计要素必须显示资产的数量和比例,以供后续分析参考。在管理层面上,公司原有的项目资产大多是可操作的。如果有外资,部分资产转作投资,同时增加资本公积。它的经营性质主要表现在货币、票据、存货、资产等方面,其性质主要有金融交易、金融产品、期货、股票等。以资产为支柱的企业,其经营管理以固定资产分析、存货跟踪、市场动态等为手段,为企业创造可持续的利润。以资产为导向的企业管理应注重对股权投资与投资周期的管理与控制，充分利用信息技术平台，促进子公司快速发展，提高企业积极性。对于企业的经营和投资，要合理分工，增强互动性，做好双向资产分析。

公司负债主要包括应收账款和发票。市场化竞争中，负债通过负债的方式体现，促进了企业财务和经营战略的优化。企业资产负债率高于其他行业，说明企业融资和经营能力较强，反之，则说明企业竞争力不强。借款主要包括短期借款和长期借款。公司的整体财务战略、经营战略等方面可以从企业的融资环境、融资成本、盈利能力和资本管理制度等方面得到全面的了解。

除此之外，应从经营管理角度对资产负债表进行分析和管理，实现所有者权益的分配。对股东所拥有的资本和资源进行统计。其中，股东投资资金所构成的资本主要反映企业经营状况的权益和资本公积，涉及股东投资资源的部分数据，如股权结构、资本规模、投资形式等，可根据具体数据和实际经营模式进行计算。在经营过程中实现对企业的有效控制，其中最重要的因素是企业所有权结构分散。企业的所有权分散程度越大，控制效果越好。然而，股东所拥有的资源又决定了企业的战略管理模式，企业的财务结构、管理结构的转变主要是通过利益分配来实现的。

（三）运用资产结构策略分析企业经营管理能力

1.对企业管理定性分析

在调整企业管理措施时，应对企业管理进行定性分析。首先要从企业索赔的角度进行分析。当前，新的经济形势在不断变化，有必要从多个角度对企业应收账款管理进行分析，并对企业在应收账款管理中的业务索赔进行总结，以提高其分析的准确性。除此之外，还应考虑每年的拨款情况。年拨款增加，主要是由于应收票据和应收账款增加。二者的相互关系和动态发展，在一定程度上体现了债权变更性质的内涵。预支收入的增加部分是本公司当年有关预支收入对本公司业务增长的贡献。企业可以根据实际情况，调整收款管理的方向、方式和方法，调整应收账款、应收票据、预付款的比例，使管理更加协调。举例来说，在同一行业，当预期收入较大而商业索赔较少时，市场营销管理应倾向于谨慎；或者，如果预期收入规模较小，或分析表明在市场份额开发阶段，企业的竞争优势处于劣势，企业应该主动进行营销管理。

2.对企业管理定量分析

对企业管理的定量分析在于能从企业管理的角度全面了解材料的定量特征。定量数据易于获取，评价效果较好，对公司经营管理的影响也是显而易见的。对固定资产进行管理时，利用固定资产周转率来反映固定资产对经营成果的效益。销售额上涨时，固定资产利用率下降，周转率上升。因此，从战略的角度来看，企业必须把重点放在实物利用上，实体流动性越大，固定资产的使用效率越高。

（四）通过负债结构分析企业盈利管理能力

1.运用战略

资产负债表对企业融资结构与资产结构的优化进行分析，有助于提高企业管理效率。但公司融资是财务支持的重要辅助手段，会对资金和利润的转化关系产生影响。

对企业权益、负债率、长期负债和计息负债进行融资结构分析，例如，权益比率代表业主权益与总资产的比例。这一比例较低，说明公司风险高，回报高。因此，企业抗风险能力较弱，可以通过调整股东的出资比例来稳定其盈利能力。因此，负债比率能够反映企业的偿债能力，提醒企业财务管理部门进行相应的结构调整。

2.收益管理

重视分配机制，从经济层面上对企业管理进行分析，可以清楚地说明企业管理的目的是获得更大的利润，利润分配是企业经营管理的一个重要方面。在运用资产结构分析策略的基础上，将内部负债和权益分析的重点转移到企业的管理层，使其更加公平。在实务上，要提高投资者和企业员工的利润分配权，减少员工与股东之间的利益冲突。企业应找出公平的结点，利用人力资源评估机构制定分配方案，提供管理手段。

随着市场经济的迅速发展，财务分析在市场经济中的重要性日益突出，从战略管理的角度，财务分析能够充分分析企业的生命力。从战略管理的角度，结合企业发展现状和相关理论知识，财务分析可以分析企业发展的潜力和动力并通过一系列的经营管理调整，帮助企业健康、蓬勃地发展。

二、中小制造企业加强资产负债表分析的意义

中小制造企业是我国国民经济的重要组成部分，对社会经济的发展起着推动作用，中小制造企业的优势在于经营决策集中，执行力强，综合风险相对较低，能快速协调企业内部的各类资源，使其效率、效益最大化。

近年来，国家为中小制造企业营造了良好的发展环境，推动了中小企业的高速发展，

但大部分企业内部管理仍处于较低水平，企业经营不仅是简单的管理，而是要了解企业真实情况，实施有效的管理。很多中小制造企业管理者通过利润表了解企业的盈利情况，通过现金流量表了解企业的资金流情况，认为企业有盈利，有现金流周转，企业就是稳定、健康的，但利润表和现金流量表体现的是企业过去某一时期内的经营情况和财务状况，并不能体现企业未来的经营状况和财务状况，要全面了解企业经营状况、盈利能力、资本结构，报表使用者还需要看懂资产负债表，但要让报表使用者仅仅依靠资产负债表所提供的表面数据进行决策显然是远远不够，也是不全面的，所以需要财务专业人员对资产负债表进行全面、系统的分析，计算各类指标，研究企业经营状况以及资产运用效率，以便报表使用者对企业经营过程中存在的综合问题有更直观的了解，对企业未来发展的趋势做出更准确的判断。

三、中小制造企业资产负债表的分析及应用策略

（一）评价企业偿债能力

1.流动比率

流动比率是指企业在某一特定时点上的流动资产与流动负债之比，反映企业拥有的流动资产对于流动负债偿还的保障程度。一般来讲，流动比率的下限为1。如果等于1，表明企业的流动资产恰好能够偿还流动负债；如果流动比率小于1，表明企业的流动资产即使完全变现也难以偿还全部流动负债，需要变现非流动资产偿债；如果流动比率大于1，则表明流动负债全部清偿后，企业仍拥有营运资金支持生产经营。流动比率过低，尤其是低于1时，一般就意味着企业缺乏足够的短期偿债能力。考虑到中小制造企业回款的一般规律，需要较多自有资金支持企业生产，因此流动比率的安全值一般保持为2，即流动资产为流动负债的2倍。如制造企业的流动比率小于2，订单越多资金流越紧张，管理层应当考虑调整资产结构、产能规模、生产周期。

2.速动比率

速动比率是指企业在某一时点上的速动资产与流动负债之比，速动资产主要是指流动资产扣除存货以及一些流动性较差的资产。通常情况下，流动比率可以反映企业的偿债能力，但一般制造企业为了保有市场占有率，缩短生产周期，通常会备有较多存货，

存货项目往往是占流动资产比例最重的,而如果存货周转率低下,缺乏正常的变现能力,那么即使流动比率保持在安全值内,企业的短期偿债能力仍可能存在问题,所以存货占比越大的制造企业,比起流动比率来,速动比率更能反映企业的偿债能力,一般制造企业的速动比率安全值保持为1,趋势走向分析类似于流动比率。

3.现金比率

现金比率是指现金及现金等价物与流动负债之比,是最为保守的短期偿债能力指标。如果一家企业将流动资产项目中最为重要的应收账款和存货作为抵押物抵押给了债权方,或者应收账款和存货的变现能力存在严重问题,那么流动比率与速动比率的分析都没有实际意义,企业只能以现金比率分析来判断短期偿债能力,从数据上可以直观地看出企业现金流是否具备偿还流动负债的能力。

4.资产负债率

资产负债率,又称负债经营比率,是指总负债与总资产之比,用以衡量企业利用债权人提供的资产进行经营活动的能力,反映了总资产中通过负债筹资的比重有多少,如果资产负债率超过100%,表明企业资不抵债。中小制造企业的资产负债率一般以不超过70%被认为是适度的,该比率过高,意味着企业负债风险过大,可能面临较大的偿债压力,如果资产负债率过低,虽然负债风险很小,但也意味着财务杠杆效应的利用不足,不利于实现企业价值最大化。因此,在安全范围值内,适当地提高企业资产负债率,利用负债融资,扩大经营规模,可以提高企业的经营管理效率。

产权比率与权益乘数分析的意义等同于资产负债率,不做赘述。

(二)反映企业资产管理效率

1.应收账款周转率

应收账款周转率是指年销售净额与年平均应收账款总额之比,用以分析应收账款的流动性,所表达的是一个会计期间内应收账款从形成到收回款项的平均次数,应收账款周转率越高,说明周转的速度越快,管理的效率就越高。当然,单个数据的分析没有意义,需要对分析周期内同类数据进行对比才能得出结果,在销售额平稳的情况下,周转率上浮,说明回款效率有所增加,可以考虑加强销售;周转率下降,则说明回款情况有待提高,在销售方面要侧重于回款。或将指标与同规模企业进行类比分析,也可反映企业应收账款的管理情况。

2.存货周转率

存货周转率是销售成本与平均存货的比率，反映了销售全部存货所需的周转速度，衡量了企业的销售能力及存货管理水平。通常来讲，存货周转率越高，说明存货周转速度越快，存货的占用水平越低，流动性越强，存货转换为现金、应收账款的速度越快；反之则说明流动性差，存货管理效率低下。

3.总资产周转率

总资产周转率是指销售净额与平均资产总额之比，用来分析企业整体资产的管理质量和利用效率，体现了企业经营期间全部资产从投入到产出的流转速度。如果企业销售额保持平稳，但总资产周转率有所下降，说明企业流动资产运营效率变差，如果流动资产变化也不大，则说明变动主要来自非流动资产，对于中小制造企业来说，管理层需要了解是否存在大量资金被固定资产或其他非流动资产所占用的情况，如果是负债经营，是否有短债长投的情况，而如果周转率持续下降，那么就需要重新调整资产结构来改善企业运营情况。

四、中小制造企业应用资产负债表分析应注意的问题

（一）指标可比性

评价企业资产管理效率涉及采用平均值的指标，需要确保分析指标具有可比性，假设一个经营周期内，期初、期末值有明显波动，那么利用周转率所做出的分析指标可能没有可比性，如某类资产在以前年度期末均保持平均水平，分析期内期末值突然大幅下降，而销售情况保持平稳，那么周转率的提升，并不一定是经营情况向好，可能是应收账款计提了大额坏账准备，或者存在固定资产大量报废、清理的情况。

（二）结构合理性

指标变动幅度小，并不代表企业经营状况稳定，资产内部结构此增彼减的变动，也会影响资产运用的效率。如果应收账款总额不变，回款账期长的比重由少变多，则说明回款流动性变差；如果存货总额不变，产成品占比逐步上升，可能是销售能力变弱，存货的变现能力下降；如果资产总额不变，流动资产大幅下降，非流动资产大幅上升，虽

然资产负债率不变，但短债长投现象严重，极大地降低了流动资产的运营效率。

（三）指标综合性

企业实际经营中，某一指标的向好或向坏，不能简单地说明企业经营情况的好或差，将评价经营能力、偿债能力、资产管理效率的指标综合纳为整体，并对其进行横向、纵向对比，才能对企业经营状况、财务结果进行全面、系统的解剖与分析，透过数据看到经营中潜在的问题，有利于管理层对企业的资产运营做出正确的判断。

第三章 利润表分析

第一节 利润表的概念

利润表是反映企业在一定会计期间的经营成果的会计报表。利润表的列报必须充分反映企业经营业绩的主要来源和构成，有助于使用者判断净利润的质量及其风险，有助于使用者预测净利润的持续性，从而做出正确的决策。利润表可以反映企业一定会计期间的收入实现情况，如企业实现的营业收入有多少、实现的投资收益有多少、实现的营业外收入有多少等等；利润表可以反映一定会计期间的费用耗费情况，如耗费的营业成本有多少、营业税费有多少、销售费用、管理费用、财务费用各有多少、营业外支出有多少等等；利润表可以反映企业生产经营活动的成果，即净利润的实现情况，据以判断资本保值、增值情况。将利润表中的利息与资产负债表中的信息相结合，还可以提供进行财务分析的基本资料，如将赊销收入净额与应收账款平均余额相比，计算出应收账款周转率；将销售成本与存货平均余额相比，计算出存货周转率；将净利润与资产总额相比，计算出资产收益率等，可以表现企业资金周转情况以及企业的盈利能力和水平，便于报表使用者判断企业未来的发展趋势，做出经济决策。

第二节 利润表的结构

常见的利润表结构主要有单步式和多步式两种。在我国，企业利润表采用的基本上是多步式结构，即通过对当期的收入、费用、支出项目按性质加以归类，按利润形成的主要环节列示一些中间性利润指标，分步计算当期净损益。利润表主要反映以下几方面的内容：

（1）营业收入：由主营业务收入和其他业务收入组成。

（2）营业利润：营业收入减去营业成本（主营业务成本、其他业务成本）、营业税金及附加、销售费用、管理费用、财务费用、资产减值损失，加上公允价值变动损益、投资收益，即为营业利润。

（3）利润总额：营业利润加上营业外收入，减去营业外支出，即为利润总额。

（4）净利润：利润总额减去所得税费用，即为净利润。

（5）每股收益：普通股或潜在普通股已公开交易的企业，以及正处于公开发行普通股或潜在普通股过程中的企业，还应当在利润表中列示每股收益信息，包括基本每股收益和稀释每股收益两项指标。

企业利润总额按下列公式确定：

营业利润=营业收入－营业成本－营业税金及附加－销售费用－管理费用－财务费用－资产减值损失+公允价值变动损益+投资收益；

利润总额=营业利润+营业外收入－营业外支出；

净利润=利润总额－所得税费用。

常见的利润表（即多步式）的格式如下：

表 3-1 利润表   会企 02 表

编制单位：天华股份有限公司   2007 年   单位：元

项目	本期金额	上期金额
一、营业收入	1 250 000	
减：营业成本	750 000	
营业税金及附加	2 000	
销售费用	20 000	
管理费用	157 100	
财务费用	41 500	
资产减值损失	30 900	
加：公允价值变动损益（损失以"－"号填列）	0	
投资收益（损失以"－"号填列）	31 500	
其中：对联营企业和合营企业的投资收益	0	
二、营业利润（损失以"－"号填列）	280 000	
加：营业外收入	50 000	
减：营业外支出	19 700	
其中：非流动资产处置损失	0	
三、利润总额（损失以"－"号填列）	310 300	
减：所得税费用	85 300	
四、净利润（损失以"－"号填列）	225 000	
五、每股收益	—	
（一）基本每股收益	—	
（二）稀释每股收益	—	

第三节 收入、成本、费用和利润

一、利润表项目解读

（一）营业收入项目

营业收入项目反映企业经营主要业务和其他业务所确认的收入总额。

（二）营业成本项目

营业成本项目反映企业经营主要业务和其他业务发生的实际成本总额。

营业税金及附加项目反映企业经营业务应负担的营业税、消费税、城市维护建设税、资源税、土地增值税和教育费附加等。

销售费用项目反映企业在销售商品过程中发生的包装费、广告费等费用和为销售本企业商品而专设的销售机构的职工薪酬、业务费等经营费用。

财务费用项目反映企业为组织和管理所需资金等而发生的筹资费用。

资产减值损失项目反映企业各项资产发生的减值损失。

（三）公允价值变动收益项目

公允价值变动收益项目反映企业交易性金融资产、交易性金融负债，以及采用公允价值计量的投资性房地产等公允价值变动形成的，应计入当期损益的利得或损失。

（四）投资收益项目

投资收益项目反映企业以各种方式对外投资所取得的收益。其中，对联营企业和合营企业的投资收益项目，反映采用权益法核算的对联营企业和合营企业的投资在被投资企业实现的净损益中应享有的份额（不包括处置投资形成的收益）。

（五）营业外收入、营业外支出项目

营业外收入、营业外支出项目反映企业发生的与其经营活动无直接关系的各项收入

和支出。其中，处置非流动资产损失，应当单独列示。

（六）所得税费用

所得税费用指企业确认的应当从当期利润总额中扣除的所得税费用。

（七）基本每股收益和稀释每股收益项目

基本每股收益和稀释每股收益项目反映根据《企业会计准则第 34 号——每股收益》准则规定计算的金额。

二、重点难点解读

（一）营业收入

1.销售商品收入

（1）通常情况下的销售商品收入。在符合收入确认条件的情况下，确认收入并结转成本，账务处理相对简单。

（2）托收承付方式销售商品。托收承付，是指企业根据合同发货后，委托银行向异地单位收取款项，由购货方向银行承诺付款的销售方式。在这种销售方式下，企业通常应在发出商品且办妥托收手续时确认收入。如果商品已经发出且办好托收手续，但由于各种原因没有转移与发出商品所有权有关的风险的，企业不应确认收入。

（3）销售商品涉及现金折扣、商业折扣、销售折让时，企业应当按不同情况分别进行处理：

①现金折扣是指债权人为鼓励债务人在规定的期限内付款，而向债务人提供的债务扣除。企业销售商品涉及现金折扣的，应当按照扣除现金折扣前的金额确定销售商品收入金额。现金折扣在实际发生时计入财务费用。

②商业折扣是指企业为促进商品销售而在商品标价上给予的价格扣除。企业销售商品涉及商业折扣的，应当按照扣除商业折扣后的金额确定销售商品收入金额。

③销售折让是指企业因售出商品的质量不合格等原因而在售价上给予的减让。对于销售折让，企业应按不同情况分别处理：一是已确认收入的售出商品发生销售折让的，通常应当在发生时冲减当期销售商品收入；二是已确认收入的销售折让属于资产负债表

日后事项的，应当按照有关日后事项处理规定进行处理。

（4）销售退回是指企业售出的商品由于质量、品种不符合要求等原因而发生的退货。销售退回有三种情况：一是对于未确认收入的售出商品发生销售退回的，将退回的商品做发出收回即可。二是对于已确认收入的售出商品发生退回的，企业应当在发生时冲减当期销售商品收入，同时冲减当期销售商品成本。三是销售退回属于资产负债表日后事项的，应按照日后事项的相关规定进行会计处理。

（5）代销商品有两种方式：

一是视同买断方式。在这种方式下，如果明确规定受托方售出与否与委托方没有关系，则可在符合收入确认条件时确认收入；如果受托方没有售出可以退回，那么委托方在交付商品时不确认收入，受托方也不做购进商品处理，受托方将商品销售后，按实际售价确认销售收入，并向委托方开具代销清单，委托方收到代销清单时，再确认本企业的销售收入。

二是收取手续费的方式。在这种方式下，委托方在发出商品时通常不应确认销售商品收入，而应在收到委托方开出的代销清单时确认销售商品收入；受托方应在商品销售后，按合同或协议约定的方法，计算手续费并确认收入。

（6）预收款项销售商品。

（7）具有融资性质的分期收款销售商品。

（8）附有销售退回条件的商品销售是指购买方依照有关协议有权退货的销售方式。在这种销售方式下，企业根据以往经验能够合理估计退货可能性且确认与退货相关负债的，通常应在发出商品时确认收入；企业不能合理估计退货可能性的，通常应在售出商品退货期满时确认收入。

（9）售后回购是指销售商品的同时，销售方同意日后再将同样或类似的商品购回的销售方式。在这种方式下，销售方应根据合同或协议条款判断企业是否已经将商品所有权上的主要风险和报酬转移给购货方，以及确定企业是否确认销售商品收入。在大多数情况下，回购价格固定或等于原售价加合理回报，售后回购交易属于融资交易，商品所有权上的主要风险和报酬没有转移，收到的款项应确认为负债；回购价格大于原售价的差额，企业应在回购期间按期计提利息，计入财务费用。

（10）售后租回是指销售商品的同时，销售方同意在日后再将同样的商品租回的销售方式。在这种方式下，销售方应根据合同或协议条款判断销售商品是否满足收入确认条件。通常情况下，售后租回属于融资交易，企业保留了与所有权相联系的继续管理权，或能够对其实施有效控制，企业不应确认收入，收到的款项应确认为负债；售价与资产账面价值之间的差额应当采用合理的方法进行分摊，作为折旧费用或租金费用的调整，其账务处理类似于售后回购。

（11）以旧换新销售是指销售方在销售商品的同时回收与所售商品相同的旧商品。在这种销售方式下，销售的商品应当按照销售商品的收入确认条件确认收入，回收的商品作为购进商品处理。

2.提供劳务收入

企业提供劳务收入主要涉及收入确认时点的问题。如果企业提供劳务交易的结果能够可靠估计，应当采用完工百分比法确认提供劳务收入；如果提供劳务交易的结果不能可靠估计，企业应正确预计已经发生的劳务成本并分别处理。预计能够得到补偿，应按已收或预计能够收回的金额确认劳务收入，并结转已经发生的劳务成本；已经发生的劳务成本预计全部不能得到补偿，应将已经发生的劳务成本计入当期损益，不确认劳务收入。

另外，企业应同时进行销售商品和提供劳务交易的处理。如果二者能够区分且能够单独计量，企业应当分别核算销售商品部分和提供劳务部分，分别进行销售商品处理和提供劳务处理；如果二者不能区分，或虽能区分但不能单独计量的，企业应当将销售和提供劳务部分全部作为销售商品处理。

其他特殊劳务的确认：安装费，按照安装进度确认收入；宣传媒介的收费，在相关的广告或商业行为开始出现于公众面前时确认收入；广告制作费，通常根据广告的完工进度确认收入；为特定客户开发软件的收费，根据开发的完工进度确认收入；包括在商品售价内可区分的服务费，在提供服务的期间内分期确认收入；艺术表演、招待宴会和其他特殊活动的收费，在相关活动发生时确认收入；等等。

3.让渡资产使用权

让渡资产使用权收入主要包括两个方面：一是利息收入，主要是指金融企业对外贷款形成的利息收入，以及同业之间发生往来形成的利息收入等。二是使用费收入，主要是指企业转让无形资产等资产的使用权形成的使用费收入。

4.建造合同收入

关于合同收入和合同费用的确认，基本原则是：

一是如果建造合同的结果能够可靠估计，企业应根据完工百分比法在资产负债表日确认合同收入和合同费用。

二是如果建造合同的结果不能够可靠估计，应分两种情况进行处理：合同成本能够收回的，合同收入根据能够收回的实际合同成本金额予以确认，合同成本在其发生的当期确认为合同费用；合同成本不可能收回的，应在发生时立即确认为合同费用，不确认合同收入。合同预计总成本超过合同总收入的，应当将预计损失确认为当期费用。

（二）期间费用

期间费用是企业当期发生的费用中的重要组成部分，是指本期发生的、不能直接或间接归入某种产品成本的、直接计入损益的各项费用，包括管理费用、销售费用和财务费用。

1.管理费用

管理费用是指企业为组织和管理企业生产经营所发生的管理费用，包括企业在筹建期间内发生的开办费、董事会和行政管理部门在企业的经营管理中发生的或者应由企业统一负担的公司经费（包括行政管理部门职工工资及福利费、物料消耗、低值易耗品摊销、办公费和差旅费等）、工会经费、董事会费（包括董事会成员津贴、会议费和差旅费等）、聘请中介机构费、咨询费（含顾问费）、诉讼费、业务招待费、房产税、车船税、土地使用税、印花税、技术转让费、矿产资源补偿费、研究费用、排污费、企业生产车间（部门）和行政管理部门等发生的固定资产修理费等。

2.销售费用

销售费用是指企业在销售商品或材料、提供劳务的过程中发生的各种费用，包括企业在销售商品过程中发生的保险费、包装费、展览费和广告费、商品维修费、运输费、装卸费等以及为销售本企业商品而专设的销售机构（含销售网点、售后服务网点等）的职工薪酬、业务费、折旧费、固定资产修理费用等费用。

3.财务费用

财务费用是指企业为筹集生产经营所需资金等而发生的筹资费用，包括利息支出（减利息收入）、汇兑损益以及相关的手续费、企业发生的现金折扣或收到的现金折扣等。

（三）营业外收入和营业外支出

营业外收入是指企业发生的与日常活动无直接关系的各项利得。营业外收入并不是由企业经营资金所产生的，不需要企业付出代价，实际上是一种纯收入，不可能也不需要与有关费用进行配比。因此，在会计处理上，应当严格区分营业外收入和营业收入的界限。营业外收入主要包括非流动资产处置利得、非货币性资产交换利得、债务重组利得、政府补助、盘盈利得、捐赠利得等。

营业外支出是指企业发生的与日常活动无直接关系的各项损失。营业外支出主要包括非流动资产处置损失、非货币性资产交换损失、债务重组损失、公益性捐赠支出、非常损失、盘亏损失等。

非流动资产处置利得包括固定资产处置利得和无形资产出售利得。固定资产处置利得指企业出售固定资产所取得的价款或报废固定资产的材料价值和变现收入等，扣除固定资产的账面价值、清理费用、处置相关税费后的净收益；无形资产出售利得指企业出售无形资产所取得价款扣除出售无形资产的账面价值、出售相关税费的净收益。反之，则为非流动资产处置损失。

非货币性资产交换利得指在非货币性资产交换中换出资产为固定资产、无形资产的，换入资产公允价值大于换出资产账面价值的差额，扣除相关费用后计入营业外收入的金额。反之则为非货币性资产交换损失。

债务重组利得指重组债务的账面价值超过清偿债务的现金、非现金资产的公允价值、所转股份的公允价值或者重组后债务账面价值之间的差额。反之则为债务重组损失。

盘盈利得指企业对于现金等清查盘点中盘盈的现金等，报经批准后计入营业外收入的金额。反之则为盘亏损失。

政府补助指企业从政府无偿取得的货币性资产或非货币性资产形成的利得。

捐赠利得指企业接受捐赠产生的利得。

公益性捐赠支出指企业对外进行公益性捐赠发生的支出。

非常损失指企业因客观因素（如自然灾害等）造成的损失，在扣除保险公司赔偿后计入营业外支出的净损失。

第四节 本量利分析

在了解了利润表及其各个组成部分的基础上，企业要对未来的生产经营活动进行利润规划，以期获得更深层次的信息。而本量利分析则是利润规划的有力工具，企业需要掌握基本的本量利分析方法，掌握这一方法的关键在于弄清楚成本、数量与利润的关系，下文提供的一系列等式对这一方法的掌握有比较重要的作用。

利润规划是指企业为实现目标利润而综合调整其经营活动的规模和水平，为企业编制预算奠定基础。利润规划要把企业继续存在和发展及实现目标利润所需的资金、可能取得的收益，以及未来要发生的成本和费用这三者紧密联系起来。因此，要进行利润规划，必须首先明确成本、数量和利润之间的关系。

传统的成本分类不能满足企业决策、计划和控制的要求，这是人们研究本量利之间数量关系的重要原因。企业的内部管理工作通常以数量为起点，以利润为目标。企业的管理人员在决定生产和销售数量时，非常想知道它对企业利润的影响。但是这中间隔着收入和成本。对于收入，他们很容易根据数量和单价来估计，而成本则不同。无论是总成本还是单位成本都让人感到难以把握，他们不能以单位成本乘以数量来决定总成本，因为数量变化之后，单位成本也会变化。管理人员需要一个模型，这个模型应当除了业务量和数量之外都是常数，使业务量和利润之间建立起直接的函数关系。这样，相关工作人员可以利用这个模型，在业务量变动时估计其对利润的影响，或者在目标利润变动时，计算出要实现目标所需要的业务量水平。建立这样一个模型的障碍是成本和业务量之间关系不清楚，为此，人们应首先研究成本和业务量之间的关系，确立成本并按性态分类，然后在此基础上，明确成本、数量和利润之间的关系。

本量利数量关系的研究，以成本和数量的关系研究为基础，它们通常被称为成本性态研究。所谓成本性态，是指成本总额对业务量的依存关系。在这里，业务量可以指产出量也可以指投入量；可以使用实物度量、时间度量，也可以用货币度量。例如，产品产量、人工工时、销售额、主要材料处理量、生产能力利用百分比、生产工人工资、机器运转时数等等，都可以作为业务量大小的标志。当业务量变化以后，各项成本有不同的性态，大体上可以分为三类：固定成本、变动成本和混合成本。固定成本是指不受业务量影响的成本；变动成本是指随着业务量的增长而正比例增长的成本。混合成本是指随着业务量的增长而增长，但与业务量的增长不成正比例的成本。混合成本是介于固定成本和变动成本之间的一种成本，可以分解为固定成本和变动成本。这样，全部成本就都可以分解为固定成本和变动成本两部分。

在把成本分解为固定成本和变动成本之后，再把收入和利润加进来，成本、销量和利润的关系就可以统一于数学模型中。本量利关系的表达式主要有三种：损益方程式、边际贡献方程式与本量利图。理解和运用损益方程式的关键在于牢牢抓住其基本方程式，即：

利润=单价×销量－单位变动成本×销量－固定成本

其他的内容都是这一方程式的变形和运用。

一、基本的损益方程式

目前多数企业都使用损益来计算利润，即首先确定一定期间的收入，然后计算与这些收入相配合的成本，两者之差为期间利润：

利润=销售收入－总成本

总成本=变动成本+固定成本=单位变动成本×产量+固定成本

销售收入=单价×销量

假设产量与销量相同，则有：利润=单价×销量－单位变动成本×销量－固定成本

这个方程式明确地表达了本量利之间的数量关系，它含有 5 个相互联系的变量，只要给定其中 4 个，就可以求出另外一个变量的值。

在规划期间利润时，通常把单价、单位变动成本和固定成本视为稳定的常量，只有销量和利润和两个自由变量。给定销量时，可利用方程式直接计算出预期利润；给定目标利润时，可以计算出应达到的销售量。

二、损益方程式的变换形式

基本的损益方程式把"利润"放在等号的左边，其他变量放在等号的右边。这种形式便于计算预期利润。如果需要的是其他变量，则可以将方程式进行变换，使等号的左边是待求的变量，右边是其他参数。由此可以得出 4 个损益方程式的变换形式：

销量=固定成本+利润单价－单位变动成本

单价=固定成本+利润单位

变动成本=单价－固定成本+利润

固定成本=单价×销量－单位变动成本×销量－利润

三、包含期间成本的损益方程式

为了符合多步式利润表的结构，不但要分解产品成本，而且要分解营业费用、管理费用、财务费用等期间费用。加入这几个因素之后，方程式为：

税前利润=单价×销量－（单位变动产品成本+单位变动期间费用）×销量－（固定产品成本+固定期间费用）

四、计算税后利润的损益方程式

所得税是根据利润总额和所得税税率计算的，并从利润总额中扣除，既不是固定成本，也不是变动成本。

税后利润=利润总额—所得税=利润总额×（1－所得税税率），将损益方程式代入"利润总额"：

税后利润=（单价×销量－单位变动成本×销量－固定成本）×（1－所得税税率）

这个方程式经常被用来计算实现目标利润所需要达到的销量，为此经过变形，得到如下方程式：

销量=固定成本+税后利润÷（1－所得税税率）/（单价－单位变动成本）

五、边际贡献的概念

边际贡献是指销售收入减去变动成本以后的差额，即边际贡献=销售收入－变动成本，如果用单位产品表示：

单位边际贡献=单价－单位变动成本

边际贡献是指产品扣除自身变动成本后给企业所做的贡献，它首先用于收回企业的固定成本，如果还有剩余就成为利润，如果不足以收回固定成本则发生亏损。

由于变动成本既包括生产过程中的变动成本，即产品变动成本，又包括营业费用、管理费用中的期间变动成本。因此，边际贡献可以具体分为制造边际贡献和产品边际贡献。通常在边际贡献前未加任何定语，那么是指"产品边际贡献"。

制造边际贡献＝销售收入－产品变动成本

产品边际贡献＝制造边际贡献－期间变动成本

六、基本的边际贡献方程式

由于引入了"边际贡献"这个概念，上面介绍的基本的损益方程式可以改写成新的形式：利润＝销售收入－变动成本－固定成本＝边际贡献－固定成本，即：利润＝销量×单位边际贡献－固定成本

七、本量利图

本量利关系除了可以用一系列方程式来表示外，还可以用图形来表示。将成本、销量、利润的关系反映在直角坐标系中，即成为本量利图，因其能清晰地显示企业不盈利也不亏损时应达到的销量，故又称盈亏临界图或损益平衡图。用图表示本量利的关系，既一目了然，又容易理解。本量利图的绘制方法如下：

（1）选定直角坐标系，以横轴表示销售数量，纵轴表示成本和销售收入的金额。

（2）F 表示固定成本线，V 表示变动成本线，S 表示销售收入线，P 点是总成本线与销售收入线的交点，是盈亏临界点，表示企业在此销售量下总收入与总成本相等，既没有利润，也不形成亏损。在此基础上，增加销售量，销售收入超过总成本，S 和 V 的距离为利润值，形成利润区；反之，形成亏损区。

八、盈亏临界分析

对于企业领导人来说，分析和获取有关企业盈利或亏损的信息是十分重要的。盈亏临界分析是实现这一目的的有力工具。盈亏临界分析是本量利分析的一项基本内容，亦称损益平衡分析或保本分析。它主要研究如何确定盈亏临界点，有关因素变化对盈亏临界点的影响等问题，并可以为决策提供在何种业务量下企业将盈利，以及在何种业务量下企业会出现亏损等信息。进行盈亏临界分析，关键是要把握住方程式：

利润=单价×销量－单位变动成本×销量－固定成本，然后在这一方程式的基础上进行一系列的变形和运用。

（一）盈亏临界点的确定

盈亏临界点是指企业收入和成本相等的经营状态，即边际贡献等于固定成本时企业所处的既不赢利又不亏损的状态。通常用一定的业务量来表示这种状态。

1.盈亏临界点的销售量

就单一产品企业来说，盈亏临界点的计算并不困难。由于计算利润的公式是：

利润=单价×销量－单位变动成本×销量－固定成本，令利润等于零，此时的销量为盈亏临界点销售量：

0=单价×盈亏临界点销量－单位变动成本×盈亏临界点销量－固定成本

盈亏临界点销量=固定成本/（单价－单位变动成本）

又由于：单价－单位变动成本=单位边际贡献，所以上式又可以写成：

盈亏临界点销量=固定成本/单位边际贡献

2.盈亏临界点作业率

盈亏临界点作业率，是指企业盈亏临界点销量占企业正常销量的比重。所谓正常销量，是指正常市场和正常开工条件下企业的销量。其计算公式如下：

盈亏临界点作业率=盈亏临界点销量/正常销量

这个比率表明企业保本的业务量在正常业务量中所占的比重。由于多数企业的生产经营能力是按正常销售量来规划的，生产经营能力与正常销量基本相同。因此，盈亏临界点作业率还表明企业在保本状态下的生产经营能力的利用程度。

（二）安全边际与安全边际率

安全边际是指正常销售额超过盈亏临界点销售额的差额。它表明企业销售额下降多少仍不至于亏损。安全边际的计算公式如下：

安全边际=正常销售额－盈亏临界点销售额

企业生产经营的安全性，还可以用安全边际率来表示，即安全边际与正常销售额的比值。安全边际和安全边际率的数值越大，企业发生亏损的可能性越小，企业也就越安全。安全边际率是相对指标，便于不同企业之间的比较。

一般情况下，当安全边际率为40%以上、30%～40%、20%～30%、10%～20%、10%以下时，企业的安全等级分别为很安全、安全、较安全、值得注意和危险。当然，对企业安全状况的评价还需要结合企业的具体情况考察。

（三）各因素变动分析

企业的盈利状况不是孤立存在的，往往与企业内部和外部一系列的因素相联系，比如产品售价、销售数量、固定成本、变动成本等常常会影响企业的盈利状况。因此，要深刻地了解盈利状况及其变动原因，进行各因素变动分析是十分有必要的。

变动分析是指本量利发生变动时相互影响的定量分析，它是本量利分析中最常用的一项内容。变动分析主要研究两个问题：一是产销量、成本和价格发生变动时，测定其对利润的影响；二是目标利润发生变动时，分析实现目标利润所需的产销量、收入和支出。如果说盈亏临界分析主要是研究利润为零的特殊经营状态的相关问题，变动分析则主要研究利润不为零的一般经营状况的相关问题。

1.分析有关因素的变动对利润的影响

在决定任何生产经营问题时，事先都需要分析所采取的措施对利润的影响。如果该项措施带来的收益大于支出，则企业会有盈利，这一措施是可取的；反之，则不可取。

影响利润诸因素的变动分析，主要方法是将变化了的参数代入本量利方程式，测算造成的利润变动。

例3-1：C企业目前的损益状况如下：销售收入10 000元（1 000件×10元/件）；销售成本包括，变动成本6 000元（1 000件×6元/件），固定成本2 000元；期间费用1 000元（全部固定）；利润为1 000元。当销量、单价、单位变动成本和固定成本各个因素之中一个或多个因素发生变动，都会给利润带来影响。

（1）单一因素的变动影响。当外界某一因素发生变化时，企业就要测算其对利润的影响。

现在假设原材料价格上涨，使单位变动成本上升到7元，利润将变为：

利润=1000×10－1000×7－（2000+1000）=0（元）

很明显，原材料价格的上涨使企业的利润下降了1 000元。企业应预见这种变化，并采取相应的解决措施。如果其他几项因素发生变化，也可以用同样的方法测算其对利润的影响。

（2）对企业经营措施的评价。由于企业采取的某项措施，将使有关因素发生变化时，企业需要测算其对利润的影响，以作为评价该措施经济合理性的尺度。

现在假设上例的企业拟制一种更有效的广告宣传方式，从而使销量上升10%，而这项宣传措施需增加支出500元。这项措施将使企业的利润上升400元（1400－1000），它是增加广告支出的上限，现在，这项措施支出增加了500元，因此该措施不合理。

2.分析实现目标利润的有关条件

以上的分析均以影响利润的诸因素为已知条件，以利润为待求的未知数。但在企业的经营决策过程中，有时会遇到另外一种情况，即利润是已知的，而其他因素是待求的未知数。比如根据企业的经营计划需要达到某一目标利润，在这种情况下，应当研究如何利用企业现有资源，合理安排产销量、收入和成本支出，以实现特定利润，也就是分析实现目标利润所需要的有关条件。

（1）采取单项措施实现目标利润。假设上例的企业欲使利润增长50%，即达到1 500元，可以从以下几个方面着手，采取相应的措施：

第一，降低固定成本。降低企业的固定成本可以增加利润，现在的关键问题是要确定固定成本需要降低多少才能达到目标利润。可以将固定成本作为未知数，而将目标利润1 500元作为已知数，其他因素不变，代入本量利方程式可得，固定成本从3 000元减少到2 500元，并保持其他因素不变，可保证实现目标利润。

第二，减少变动成本。按照上述方法，将单位变动成本代入本量利方程式可得，变动成本从6元减少到5.50元，并保持其他因素不变，可保证实现目标利润。

第三，提高售价。按照上述方法，将售价代入本量利方程式可得，售价从10元提高到10.50元，并保持其他因素不变，可保证实现目标利润。

第四，增加产销量。按照上述方法，将产销量代入本量利方程式可得，产销量从1 000件增加到1 125件，并保持其他因素不变，可保证实现目标利润。

（2）采取综合措施实现目标利润。在企业实际的生产经营活动中，影响利润的诸因素是相互关联的。为了提高产量往往需要增加固定成本，与此同时，为把它们顺利销售出去，又需要降低价格或增加广告费用等固定成本。因此，采取综合措施来实现目标利润是企业经常采用的措施，一般情况下可以按以下步骤去落实目标利润：

现在假设上例的企业有剩余生产能力，可以进一步增加产量，但由于售价偏高，销路受到限制。为了打开销路，企业经理打算降价 10%，争取实现 1 500 元的利润。

第一，计算降价后实现目标利润所需的销售量：

销售量=固定成本+利润单位边际贡献/[单价×（1－10%）－单位变动成本]=（2000+1000）+1500/[10×（1－10%）－6]（件）

如果销售部门认为降价 10%后，销量可以达到 1 500 件，生产部门也可以将产品生产出来，则目标利润就可以实现了。不然，还需要通过进一步分析寻找解决办法。

第二，计算既定销售量下实现目标利润所需要的单位变动成本。

假设销售部门认为，上述 1 500 件销量是不可能实现的，降价后销量只能达到 1 300 件，为此，就需要在降低成本上寻找办法：

单位变动成本=单价－（固定成本+利润）/销量=10×（1－10%）－（3000+1500）/1300（元）

为了实现目标利润，在降价 10%的同时，还必须使单位变动成本从 6 元降到 5.54 元。如果生产部门认为通过降低人工费用或原材料成本可以实现这个目标，那么，就是既定的目标利润顺利实现了。如若不然，还要在固定成本方面想办法。

第三，计算既定销售量和单位变动成本条件下实现目标利润所需要的固定成本。

生产部门经过研究认为，单位变动成本只可以降低到 5.60 元。那么，企业还需要进一步压缩固定成本：

固定成本=单价×销量－单位变动成本×销量－利润=1300×[10×（1－10%）－5.60]－1500=2920（元）

为了实现目标利润，在采取降价 10%、使销售量增至 1 300 件、压低单位变动成本至 5.60 元一系列措施之后，若固定成本可以压缩 80 元，则目标利润就可以实现。否则企业还要进一步寻找增收节支的办法，或考虑修改目标利润。

九、敏感性分析

在前面的盈亏分析和变动分析中，待求变量外的其他参数都是确定的。但事实上，市场条件的变化（原材料价格的变动、产品价格、供求数量等的波动）和技术条件（原材料的消耗水平、人工工时的消耗水平等）的变化，都会引起模型中的参数发生变化，使原来计算出来的盈亏临界点目标利润和目标销售量失去可靠性。企业领导需要事先知道哪个因素影响大，哪个因素影响小，影响程度如何。他们掌握这些数据有重要的实际意义，可以在变化发生后及时采取措施，调整经营计划，始终把企业的生产经营控制在最有利的状态之下。

本量利关系的敏感性分析就可以解决上述问题，它主要研究有关参数发生多大变化会使盈利转变为亏损、各个参数变化对利润的影响程度，以及各因素变动时如何影响销量，使原目标利润得以实现。

（一）有关参数发生多大变化会使盈利转变为亏损

单价、单位变动成本、产销量和固定成本的变化会影响利润的高低。这种变化达到一定程度，会使企业的利润消失，进入盈亏临界状态，使企业的经营状况发生质变。敏感性分析的目的之一就是要提供使目标利润发生质变的各参数的界限，其方法称为最大最小法。

1.单价最小值

例 3-2：C 企业只生产一种产品，单价 2 元，单位变动成本 1.20 元，预计明年固定成本 40 000 元，产销量计划达到 100 000 件。预计明年利润=100000×（2－1.20）－40000=40000（元）。

单价下降会使利润下降，到一定程度利润变为零，它是企业能忍受的单价最小值。设单价为 SP，$100000 \times (SP-1.20) - 40000 = 0$，$SP = 1.60$（元），即单价降至 1.60 元时，企业开始由盈利转为亏损。

2.单位变动成本最大值

单位变动成本上升会使利润下降，到一定程度利润变为零，它是企业能忍受的单位变动成本的最大值。设单价为 VC，$100000 \times (2-VC) - 40000 = 0$，$VC = 1.60$（元）

即单位变动成本升至 1.60 元时，企业开始由盈利转为亏损。

3.固定成本最大值

固定成本上升会使利润下降，到一定程度利润变为零，它是企业能忍受的固定成本的最大值。

4.销售量最小值

销售量下降会使利润下降，到一定程度时利润变为零，它是企业能忍受的销售量的最小值。设销售量为 V，$V \times (2 - 1.20) - 40000 = 0$，$V = 50000$（件），即销售量降至 50 000 件时，企业开始由盈利转为亏损。

（二）各参数变化对利润变化的影响程度

各参数变化都会对利润产生影响，但其影响程度各不相同。有的参数发生很小的一点变化，利润就会发生很大的变动，这一类因素称为敏感因素；与此相反，有些参数发生变化后，利润只发生很小的变化，这类因素称为不敏感因素。通常用敏感系数来反映敏感程度，其计算公式是：敏感系数=目标值变动百分比/参数值变动百分比。

单价的变动对利润的影响很大，利润以 5 倍的速度随单价变化。涨价是提高利润的有效手段，但售价的下跌也会使利润迅速下跌，对企业造成威胁。计算单位变动成本、固定成本、销售量的敏感系数的方法也是相同的。但要注意的是，若敏感系数为正（如单位售价），则该因素与利润同方向变动，若敏感系数为负（如单位变动成本、固定成本），则说明该因素与利润反方向变动。

第五节 利润分配分析

企业的利润分配政策在一定程度上可以反映企业的经营状况及其经营发展战略。企业经营状况比较好、利润比较多的时候与企业经营状况不好、利润比较少的时候相比，其利润分配政策肯定是不同的。并且企业投资计划的资金需求状况也会对企业的利润分配政策产生比较大的影响。

一、利润分配政策与企业生命周期

一个企业的成长过程可以用生命周期理论来描述，即初创期、成长期、成熟期和衰退期。一般来说，企业会采取与它们生命周期所处阶段最相适应的利润分配方案。通常情况为：

（1）初创期阶段，企业主要致力于新产品开发和开拓市场，这时需要大量的资金投入，但是由于经验不足可能会走弯路，企业往往处于亏损状态，所以一般采用不分配股利的政策；

（2）成长期阶段，产品已逐渐走向成熟并开始获利，但由于急需拓展经营，仍需要大量外界资金的支持，所以这时企业一般不分配股利或支付较低股利；

（3）成熟期阶段，企业的增长速度开始放慢。获利水平相对稳定，由于企业的扩张潜力有限，会产生多余的现金流量，所以企业通常会发放较高的稳定的股利；

（4）衰退期阶段，企业的获利能力下降，此时企业股利的发放不再具有持续稳定性。在生命周期的不同阶段，企业采用的股利分配政策应该有所不同，这样可以保证企业有充足的资金，从而能把握住良好的投资机会。

二、利润分配政策与企业经营信息的传递

企业在制定分配政策时要考虑的一个重要因素就是企业收益的稳定性。一般来说，收益不稳定的企业，用于支付股利的比例较低。因为企业担心是否有能力维持股利的支付，如处于周期性行业的汽车和房地产公司以及收益变动较大的高科技公司。而收益稳定的公司则可支付比例较高的股利，收益不稳定的公司的股利支付率小于收益稳定的公用事业公司。另外，还可以通过对企业利润分配政策的分析，判断其提供的是积极的信号还是消极的信号。一般而言，股利增加是一个积极的信号，因为这代表企业允诺在长期内支付这个股利，表明它相信自己有能力长期创造出所需的现金流量，这一信号会导致市场对企业价值的重新评估和股票价格的上涨；股利削减通常被认为是一个消极的信号，企业一般也不愿意削减股利。因而，当某一企业被迫采取这一措施时，市场就会认为企业陷入了较大的财务危机，会导致股价下跌。

三、股利支付方式与企业发展战略

目前，我国企业通常以现金股利和股票股利作为股利的支付方式。那些属于成长型、有扩展潜力的公司，通常选择扩张股本的通路，把现金更多地留给企业扩大再生产，向投资者则派发大量的股票股利，而很少派发现金股利，如果经营得当，其利润的增长能够满足股本快速扩张的需要，企业可以不断地发展壮大。一些已步入稳定发展期的公司则以现金作为主要的分红方式，一方面可以直接增加股东的当前利益，增强股东对公司的信心；另一方面也可避免公司股本扩张太快，稀释每股收益的含金量。一般来说，通过观察公司股利支付方式的选择，可以了解企业的经营策略及其发展前景。

四、利润分配政策与企业未来成长性的预测

公司价值的大小取决于公司潜在的或可预期的获利能力。企业的股利政策与其未来的成长能力是密切相关的，当企业未来有良好的投资机会时，必然将需要大量的资金支持，因而企业往往会将大部分盈余用于投资，而少发或不发现金股利，这样可使企业将资金成本降到最低，并使企业的经济效益得以高速增长。在分析企业利润分配政策、预测企业未来的成长性时，要注意结合资产负债表、利润表和现金流量表进行综合分析，并且要进行多期的连续比较，不能孤立地、绝对地看某一期的分配政策。

第六节 企业利润表分析

企业财务会计报表是向财务会计报表使用者提供与企业财务状况、经营成果和现金流量等有关的会计信息，可以反映企业管理层受托责任的履行情况，有助于财务会计报表使用者做出经济决策。在我国经济步入快速发展轨道的重要时期，投资者和企业管理层应学会如何分析和利用企业财务会计报表。按照《企业会计准则》规定，财务报表主

要包括资产负债表、利润表、现金流量表、所有者（股东）权益变动表以及附注。本节主要就一般生产加工企业和商品流通企业利润表的分析和利用进行探讨。

一、利润表构成

利润表的内容为：

（1）营业收入；

（2）营业利润；

（3）利润总额；

（4）净利润；

（5）每股收益；

（6）其他综合收益；

（7）综合收益总额。

二、营业收入分析

营业收入是利润表的最主要项目，是企业利润的源泉。一般生产加工企业和商品流通企业的营业收入主要包括由企业确认的销售商品、提供劳务等收入构成的主营业务收入以及其他业务收入。其他业务收入主要包括除主营业务活动以外的其他经营活动实现的收入，包括通过出租固定资产、出租无形资产、出租包装物和商品、销售材料、用材料进行非货币性交换（非货币性资产交换具有商业实质且公允价值能够可靠计量）或债务重组等实现的收入。本节仅就一般生产加工企业和商品流通企业的主营业务收入进行分析。

（一）营业收入规模

营业收入规模是划分企业等级的重要标志，营业收入项目是一个极其重要的项目，是值得首先应予关注的项目。虽然，营业收入是评定企业规模和"做大"的一个重要风向标，但却不一定是一个"做强"的风向标。因此，还须进行其他方面的分析。

（二）主营业务收入

主营业务收入是营业收入项目的主要构成部分，对主营业务收入可做如下分析：

首先，应分析主营业务收入的发展趋势，这可以通过报表期和上期对比（注意季节因素）、和去年同期对比、和同行业的其他企业对比等，来揭示企业产品（商品）销售中存在的差距。如某家电商场销售同比发生较大幅度下降，可能是受同城新开设的另一家电商场影响，这就要求企业提高服务质量或从其他方面采取措施来阻止这一趋势。

其次，应通过生产加工企业的主要产品销售收入和其他产品销售收入的比例，或商品流通企业各类商品销售收入的比例看主要产品（商品）销售是否呈上升趋势。如果呈下降趋势，就应进一步找出原因加以改进；如果呈上升趋势，也应进行合理性分析。当然，无论发生上升或下降，都应在消除价格因素后再做分析。

最后，商品流通企业还可进行坪效分析。坪效是指单位营业面积的销售额，是指门店的销售额与卖场面积的比率，它反映卖场的有效利用程度。其公式为：坪效=销售额/经营面积。通过分析，企业应调整坪效低的柜组，相应增加坪效高的柜组。

（三）营业收入质量

对营业收入做进一步分析的主要内容为：看现金流量表"经营活动现金流量"中的"销售商品""提供劳务收到的现金"是否呈相应趋势。如果营业收入增加了，但这一项目却没有相应增加甚至下降，说明企业的赊销增加了，这就要进一步对资产负债表中的应收票据和应收账款等做进一步分析。对应收票据要分析"银兑"和"商兑"的构成，分析"商兑"出票单位的信誉度和支付能力。对应收账款的上升或者下降，既要做总量分析，也要做个案分析，特别是对于大额应收账款，要进一步对债务人做具体分析，如发现债务人的支付能力发生问题，应及时采取措施并加以处理。

三、营业成本分析

《企业会计准则第 30 号——财务报表列报》中第二十六条明确规定："费用应当按照功能分类，分为从事经营业务发生的成本、管理费用、销售费用和财务费用等。"在分析从事经营业务发生的成本前，首先应计算销售毛利率，其计算公式是：

[（营业收入－营业成本）/营业收入]×100%

（一）综合毛利率

毛利率一般可分为综合毛利率、分类毛利率和单项商品毛利率。首先应从总量上分析销售毛利率上升或下降的因素，并采取措施加以改进。在销售收入确定的情况下，营业成本的高低和销售毛利率呈反相关关系。如果销售毛利率下降，要看是否只是受偶然因素影响还是已经形成趋势。一般而言，销售毛利率下降，说明"百元销售的成本"在上升。其中，对于直接人工费用的上升，应先消除因执行《新会计准则》而使根据直接人工计提的"五险一金"由原在管理费用中列示改为随工资计入直接人工成本，再分析和考核工资调高与产值提高的关系；对于直接材料费的上升，也应先消除由采用《新会计准则》改变发出材料计价方法引起的因素后，再用因素分析法，对原材料涨价、单位产品耗用原材料增加、废次品率上升等进行分析，加强原材料的采购、储运、领用、耗用管理，以降低直接材料费用。同时，企业还应考虑采取改进成本核算办法（如采用作业成本法等先进成本核算方法）等措施，有力消化上述因素。

（二）分类毛利率

在总量分析的基础上，还应进一步对企业中不同类别产品、不同类别商品的销售毛利率进行分析比较，必要时，应对单项商品毛利率进行分析比较。通过分析，找出毛利率高的商品或产品品种并加以重点关注，对毛利率低的应分析其合理程度。对毛利率低甚至亏本的商品或产品品种，应减少或撤销该品种的生产或进销。

（三）行业水平和历史水平比较

在进行营业毛利率分析时，应将其与该行业的平均营业毛利率水平进行横向比较，如果低于行业平均水平，就应进一步对单位产品的电耗、煤耗、材耗、薪酬等因素进行对比分析，找出差距，制定措施，加以改进。同时，还应纵向采用连续几个会计年度的指标，进行发展趋势分析，以判断企业盈利能力的发展趋向，进一步找出营业毛利率上升或下降的原因。

四、营业税金及附加和三项费用

除从事经营业务发生的成本外，企业费用还有管理费用、销售费用和财务费用等。

营业税金及附加也是营业收入的一项减项。

（一）营业税金及附加

在一般生产加工企业和商品流通企业中，由于企业增值税属于价外税，不在利润表中填列，因而列入本项目的营业税金及附加主要有企业经营活动发生的营业税、消费税、城市维护建设税、资源税和教育费附加等相关税费。一般来说，这几项税费都应和企业的销售有关，但在一般生产加工企业和商品流通企业中，营业税金及附加主要是以本会计期间实际应缴纳的增值税为依据而计算的城市维护建设税和教育附加费，由于在某一会计期间的营业收入与应交增值税并不呈强相关关系，因此，相关工作人员应对本期应缴纳的该两项税费进行具体分析。

（二）销售费用、管理费用、财务费用的分析

在对这三项费用进行分析时，首先应排除制度因素。在对三项费用进行与前期、与去年同期对比时，可设置费用率相对指标，以考核费用水平。费用率的计算公式为：[（某项费用/营业收入）×100%]。在一定意义上讲，企业的营业收入和费用的增长呈正相关关系，但仍须对具体费用项目进行合理的分析，尤其在费用率上升时，更应通过分析，找出问题并加以控制。

五、资产减值损失

资产减值损失是《新会计准则》设置的科目，专门用于核算企业计提的各项资产减值准备。企业除对计提的合理性、合规性进行分析外，还应对其构成做出分析。由于《新会计准则》的规定，长期资产的减值准备计提后不得转回，因此尤须对该减值准备的计提进行分析。企业应在平时关注存货的减值准备和应收账款的坏账准备是否已具备转回条件，无论是已具备转回条件而不及时转回，或者在尚不具备转回条件时予以转回，都是人为调节利润的行为，应予以纠正。

六、公允价值变动收益

公允价值变动损益科目是《新会计准则》设置的科目，该项目反映会计期间发生的企业交易性金融资产，交易性金融负债，以及采用公允价值模式计量的投资性房地产，衍生工具，套期保值业务等公允价值变动形成的、应计入当期损益的利得或损失，还包括指定为以公允价值计量且其变动计入当期损益的金融资产或金融负债公允价值变动形成的、应计入当期损益的利得或损失。

由于金融市场变幻莫测，公允价值变动损益会发生大幅度的变动，因此在会计期末如发现某项金融资产的公允价值明显偏高或偏低，应做出特别说明。

七、投资收益

投资收益反映企业确认的投资收益或投资损失，包括长期股权投资采用成本法核算、长期股权投资采用权益法核算时发生的，按照《新会计准则》规定应予确认的收益或损失。在被投资企业关系发生变动时，投资收益应及时进行调整。当被投资企业发生异常时，应考虑计提减值准备或对该的投资做出处置。

八、营业利润、利润总额、净利润

营业收入减除营业成本、营业税金及附加、三项费用、资产减值损失、加（或减）公允价值变动收益、加（或减）投资收益后，为企业的营业利润。营业利润加营业外收入、减营业外支出后，为企业的利润总额，再减所得税费用后，就是企业的净利润。企业营业利润率的计算公式为：

营业利润率=（营业利润/营业收入）×100%

分析该指标时，应与同行业平均利润水平相比较，并应通过连续几个会计期间的数据进行趋势分析。营业利润率分析对观察企业盈利能力是十分重要的，但如前述，对公允价值变动等使企业利润大幅度变动的因素应予以关注，否则会影响对营业利润率的分析，为此还应对利润构成进行分析。现在有不少企业对主业不感兴趣，而热衷于所谓的资本运作。因此，如发现利润构成中公允价值变动或投资收益占了主导地位，可以认为这样的利润是极不稳定的利润。

九、每股收益

每股收益是一个十分重要的指标，投资者往往首先关注上市公司的每股收益，对每股收益持续高企的股票认为是"绩优股"。每股收益会对股价产生强大的影响。因此，在对利润表进行分析时应十分关注这一指标的动态。每股收益可分为：基本每股收益和稀释每股收益两项，其计算公式是：

基本每股收益=归属于普通股股东的当期净利润（当期净利润—优先股股利）/发行在外普通股的加权平均数

稀释每股收益作为基本每股收益的补充，可以向投资者提示上市公司未来每股收益可能降低以及可能产生风险的信息。在计算稀释每股收益时，原公式中的分子部分，还应减去当期已确认为费用的稀释性潜在普通股的利息和转换时将发生的收益或费用；原公式中的分母部分则应调整为在原有计算每股收益时普通股的加权平均数的基础上，再加上假定稀释性潜在普通股转换为已发行普通股而增加的普通股股数的加权平均数。这样，分子的减小和分母的增大，就会使分式的分数值变小，达到稀释的效果。

问题在于，投资者往往首先关注上市公司的每股收益以决定是否进行投资。但在某些情况下，每股收益往往会发生大的起伏。因此，在对每股收益指标进行分析时，不能只停留在报表数额上，还应分析其他指标以及公司的发展前景。

十、其他综合收益、综合收益总额

在企业利润表中增设"其他综合收益"项目和"综合收益总额"项目，反映企业净利润与其他综合收益及其合计金额，是为了实行全面收益观的需要。有关文件同时规定，企业应当在附注中详细披露其他综合收益各项目及其所得税影响，以及原计入其他综合收益、当期转入损益的金额等信息。这是因为，根据《新会计准则》的规定，一些利得或损失不再计入当期损益，而改为直接计入所有者权益，如可供出售金融资产的公允价值变动，权益法核算的被投资企业除净损益以外的公允价值变动等内容。增设该项目可以使利润表全面反映企业价值的增值状况。会计报表使用者可通过利润表提供的全面收益信息，更好地了解企业的经营业绩，从而为未来的经济决策提供相关依据。

对利润的分析应根据企业的不同情况确定不同的分析重点，还应和分析其他报表相结合，以取得更好的分析和利用效果。

第四章 现金流量表分析

第一节 现金流量表概述

一、现金流量表的概念

现金流量表是反映企业在一定会计期间现金和现金等价物流入和流出的报表。

现金流量表可以为报表使用者提供企业在一定会计期间内现金和现金等价物流入和流出的信息，便于使用者了解和评价企业获取现金和现金等价物的能力，据以预测企业未来现金流量。

现金是指企业库存现金以及可以随时用于支付的存款，包括库存现金、银行存款和其他货币资金；现金等价物是指企业持有的期限短（一般指从购买日起，3个月内到期）、流动性强、易于转换为已知金额现金、价值变动风险很小的投资。比如，企业购买的，从购买日起3个月或更短时间内即可到期或可转换为现金的短期债券投资，就是现金等价物。企业应根据具体情况，确定现金等价物的范围，并且保持其划分标准，如改变划分标准，应视为会计政策变更。企业确定现金等价物的原则及其变更，应在财务报表附注中披露。除特别说明外，本书所指的现金均含现金等价物。

从编制原则上看，现金流量表按照收付实现制原则编制，将权责发生制下的盈利信息调整为收付实现制下的现金流量信息，便于信息使用者了解企业净利润的质量。从内容上看，现金流量表中显示的活动被划分为经营活动、投资活动和筹资活动三类，每类活动又分为各具体项目，这些项目从不同角度反映企业业务活动的现金流入与流出，弥补了资产负债表和利润表提供信息的不足。通过现金流量表，报表使用者能够了解现金流量的影响因素，评价企业的支付能力、偿债能力和周转能力，预测企业未来的现金流量。

二、现金流量的分类

现金流量是指现金和现金等价物的流入和流出，可分为三大类，即经营活动产生的现金流量、投资活动产生的现金流量和筹资活动产生的现金流量。

（一）经营活动产生的现金流量

经营活动是指企业投资活动和筹资活动以外的所有交易或事项，包括销售商品或提供劳务、购买商品或接受劳务、收到的税费返还、支付职工薪酬、支付各项税费和支付广告费用等。经营活动产生的现金流量可以说明企业的经营活动对现金流入和流出的影响程度，帮助报表使用者判断企业在不动用对外筹得资金的情况下，是否足以维持生产经营、偿还债务、支付股利和对外投资等。

与一般企业相比，金融企业的经营活动性质不同，对经营活动产生的现金流量项目认定存在一定差异。在编制现金流量表时，企业应当根据自身的实际情况，对经营活动产生的现金流量项目进行合理归类。

（二）投资活动产生的现金流量

投资活动是指企业长期资产的购建和不包括现金等价物在内的投资及其处置活动。投资活动包括取得和收回投资、购建和处置固定资产、购买和处置无形资产等。投资活动产生的现金流量可以帮助报表使用者判断投资活动对企业现金流量净额的影响程度。

（三）筹资活动产生的现金流量

筹资活动是指导致企业资本及债务规模和构成发生变化的活动。筹资活动包括发行股票或接受投入资本、分派现金股利、取得和偿还银行贷款、发行和偿还公司债券等。筹资活动产生的现金流量可以帮助报表使用者分析企业通过筹资活动获取现金的能力，判断筹资活动对企业现金流量净额的影响程度。

企业在编制现金流量表，进行现金流量分类时，对于未特别指明的现金流量，应当按照现金流量的分类方法和重要性原则，判断某项交易或事项所产生的现金流量应当归属的类别或项目，对于重要的现金流入或流出项目，应当单独反映。对于自然灾害损失、保险索赔等特殊项目，应当根据其性质，分别归并到经营活动、投资活动和筹资活动产生的现金流量类别中，并单独列报。

第二节 现金流量表结构

《企业会计准则》中所列示的现金流量表包括现金流量表正表和现金流量表附注两部分。

（一）现金流量表正表

现金流量正表是现金流量表的主体，企业在一定会计期间现金流量的信息主要由正表提供。正表采用报告式的结构，按照现金流量的性质，依次分类反映经营活动产生的现金流量、投资活动产生的现金流量和筹资活动产生的现金流量，最后汇总反映企业现金及现金等价物净增加额。对有外币现金流量及境外子公司的现金流量折算为人民币的企业，正表中还应单设"汇率变动对现金的影响"项目。

（二）现金流量表附注

现金流量表附注包括三部分内容：

（1）将净利润调节为经营活动产生的现金流量（即按间接法编制的经营活动产生的现金流量）。

（2）不涉及现金收支的投资和筹资活动。

（3）现金及现金等价物净增加情况。

在现金流量表中，现金及现金等价物被视为一个整体，企业现金形式的转换不会产生现金的流入和流出。常见的现金流量表的结构如下：

表 4-1　现金流量表　　　　　　　　　　　　　　　会企 03

表编制单位：天华股份有限公司　　　　　　　2008 年　　　　　　　　　　单位：元

项目	本期金额	上期金额
一、经营活动产生的现金流量：		
销售商品、提供劳务收到的现金	1 312 500	
收到的税费返还	0	
收到其他与经营活动有关的现金	0	
经营活动现金流入小计	1 312 500	
购买商品、接受劳务支付的现金	392 266	
支付给职工以及为职工支付的现金	300 000	
支付的各项税费	174 703	
支付其他与经营活动有关的现金	80 000	
经营活动现金流出小计	1 006 361	
经营活动产生的现金流量净额	365 531	
二、投资活动产生的现金流量：		
收回投资收到的现金	16 500	
取得投资收益收到的现金	30 000	
处置固定资产、无形资产和其他长期资产收回的现金净额	300 300	
处置子公司及其他营业单位收到的现金流量	0	
收到其他与投资活动有关的现金	0	
投资活动现金流入小计	346 800	
购建固定资产、无形资产和其他长期资产支付的现金	601 000	
投资支付的现金	0	
取得子公司及其他营业单位支付的现金	0	
支付其他与投资活动有关的现金	0	
投资活动现金流出小计	601 000	
投资活动产生的现金流量净额	-254 200	

续表

项目	本期金额	上期金额
三、筹资活动产生的现金流量：		
吸收投资收到的现金	0	
取得借款收到的现金	560 000	
收到其他与筹资活动有关的现金	0	
筹资活动现金流入小计	560 000	
偿还债务支付的现金	1 250 000	
分配股利、利润或偿付利息支付的现金	12 500	
支付其他与筹资活动有关的现金	0	
筹资活动现金流出小计	1 262 500	
筹资活动产生的现金流量净额	-702 500	
四、汇率变动对现金及现金等价物的影响	0	
五、现金及现金等价物净增加额	-590 069	
期初现金及现金等价物余额	1 406 300	
六、期末现金及现金等价物余额	225 062	

第三节 经营活动现金流量

在我国，企业经营活动产生的现金流量应当采用直接法填列。直接法是指通过现金收入和现金支出的主要类别列示经营活动的现金流量。现金流量一般应按现金流入和流出总额列报，但代客户收取或支付的现金，以及周转快、金额大、期限短的项目的现金流入和现金流出，可以按照净额列报。

有关经营活动产生的现金流量的信息，可以通过企业的会计记录取得，也可以通过对利润表中的营业收入、营业成本以及其他项目进行调整后取得，如当期存货及经营性应收和应付项目的变动，固定资产折旧、无形资产摊销、计提资产减值准备等其他非现金项目，属于投资活动或筹资活动产生的现金流量。

（一）经营活动现金流入项目

1."销售商品、提供劳务收到的现金"项目

该项目反映企业销售商品、提供劳务实际收到的现金（包括应向购买者收取的增值税销项税额），包括本期销售商品、提供劳务收到的现金，以及前期销售商品、提供劳务本期收到的现金和本期预收的款项，减去本期销售本期退回商品和前期销售本期退回商品支付的现金。企业销售材料和代购代销业务收到的现金，也在本项目反映。

本项目可以根据"库存现金""银行存款""应收账款""应收票据""合同负债""主营业务收入""其他业务收入"等科目的记录分析填列。根据账户记录分析计算该项目的金额，通常可以采用以下公式：

销售商品、提供劳务收到的现金＝本期销售商品、提供劳务收到的现金＋本期收回前期的应收账款和应收票据＋本期预收的合同负债－本期销售退回支付的现金＋本期收回前期核销的坏账损失。

2."收到的税费返还"项目

该项目反映企业收到的各种返还的税费，包括返还的增值税、消费税、关税、所得税、教育费附加等。本项目可以根据"库存现金""银行存款""营业外收入""其他应收款"等科目的记录分析填列。

3."收到的其他与经营活动有关的现金"项目

该项目反映企业除上述各项目以外所收到的其他与经营活动有关的现金，如罚款、流动资产损失中由个人赔偿的现金、经营租赁租金等。若某项其他与经营活动有关的现金流入金额较大，应单列项目反映。本项目可以根据"库存现金""银行存款""营业外收入"等科目的记录分析填列。

（二）经营活动现金流出项目

1."购买商品、接受劳务支付的现金"项目

该项目反映企业购买商品、接受劳务实际支付的现金（包括增值税进项税额），包括本期购买材料、商品、接受劳务支付的现金，以及本期支付前期购买商品、接受劳务

的未付款项以及本期预付款项，减去本期发生的购货退回收到的现金。企业代购代销业务支付的现金，也在本项目反映。本项目可以根据"库存现金""银行存款""应付账款""应付票据""预付账款""主营业务成本""其他业务成本"等科目的记录分析填列。根据账户记录分析计算该项目的金额，通常可以采用以下公式：购买商品、接受劳务支付的现金＝本期购买商品、接受劳务支付的现金＋本期支付前期的应付款项和应付票据＋本期预付的账款－本期因购货退回收到的现金。

2. "支付给职工以及为职工支付的现金"项目

该项目反映企业实际支付给职工，以及为职工支付的现金，包括本期实际支付给职工的工资、奖金、各种津贴和补贴等，以及为职工支付的其他费用等。企业代扣代缴的职工个人所得税，也在本项目反映。本项目不包括支付给离退休人员的各项费用（包括支付的统筹退休金以及未参加统筹的退休人员的费用），此项费用在"支付其他与经营活动有关的现金"项目反映；支付给在建工程人员的工资和其他费用，在"购建固定资产、无形资产和其他长期资产支付的现金"项目反映。本项目可以根据"应付职工薪酬""库存现金""银行存款"等科目的记录分析填列。

企业为职工支付的社会保险基金、补充养老保险、住房公积金、住房困难补助，以及企业支付给职工或为职工支付的其他福利费用等，应按职工的工作性质和服务对象，分别在本项目和"购建固定资产、无形资产和其他长期资产支付的现金"项目反映。

3. "支付的各项税费"项目

该项目反映企业按规定支付的各种税费，包括企业本期发生并支付的税费，以及本期支付以前各期发生的税费和本期预缴的税费，包括所得税、增值税、消费税、印花税、房产税、土地增值税、车船税、教育费附加、矿产资源补偿费等，但不包括计入固定资产价值、实际支付的耕地占用税，也不包括本期退回的增值税、所得税。本期退回的增值税、所得税在"收到的税费返还"项目反映。本项目可以根据"应交税费""库存现金""银行存款"等科目的记录分析填列。

4. "支付的其他与经营活动有关的现金"项目

该项目反映企业除上述各项目所支付的其他与经营活动有关的现金，如经营租赁支付的租金、支付的罚款、差旅费、业务招待费、保险费等。若其他与经营活动有关的现金流出金额较大，应单列项目反映。本项目可以根据"库存现金""银行存款""管理费用""营业外支出"等科目的记录分析填列。

第四节 投资活动现金流量

投资活动是指企业长期资产的购建和不包括在现金等价物范围内的投资及其处置活动。长期资产是指固定资产、无形资产、在建工程、其他资产等持有期限在一年或一个营业周期以上的资产。这里所讲的投资活动，既包括实物资产投资，也包括金融资产投资。这里之所以将"包括在现金等价物范围内的投资"排除在外，是因为已经将包括在现金等价物范围内的投资视同现金。不同企业由于行业特点不同，对投资活动的定义也存在差异。例如，交易性金融资产所产生的现金流量，对于工商企业而言，属于投资活动现金流量，而对于证券公司而言，属于经营活动现金流量。

（一）投资活动现金流入项目

投资活动产生的现金流入项目主要包括"收回投资所收到的现金"项目、"取得投资收益所收到的现金"项目、"处置固定资产、无形资产和其他长期资产所收到的现金净额"项目和"收到的其他与投资活动有关的现金"项目等。

1."收回投资所收到的现金"项目

"收回投资所收到的现金"项目反映企业通过出售、转让或到期收回除现金等价物以外的短期投资、长期股权投资所收到的现金，以及通过收回长期债权投资本金所收到的现金。"收回投资所收到的现金"项目不包括企业通过长期债权投资收回的利息和非现金资产。

需要注意的是，长期债权投资收回的利息，不在本项目中反映，而在"取得投资收益所收到的现金"项目中反映。

2."取得投资收益所收到的现金"项目

"取得投资收益所收到的现金"项目反映企业因股权性投资而分得的现金股利，从子公司、联营企业或合营企业分回利润而收到的现金，以及因债权性投资而取得的现金利息收入，股票股利不在本项目中反映。包括在现金等价物范围内的债券性投资，其利息收入在本项目中反映。

3. "处置固定资产、无形资产和其他长期资产所收回的现金净额"项目

"处置固定资产、无形资产和其他长期资产所收回的现金净额"项目反映企业通过出售固定资产、无形资产和其他长期资产取得的现金，减去为处置这些资产而支付的有关费用后的净额。通过处置固定资产、无形资产和其他长期资产收到的现金，与处置活动支付的现金，两者在时间上比较接近，且由于金额不大，故以净额反映。以净额的形式反映，更能反映处置活动对现金流量的影响。

需要注意的是，由于自然灾害等原因造成的固定资产的报废、毁损而收到的保险赔偿收入等，也在本项目中反映。如处置固定资产、无形资产和其他长期资产所收回的现金净额为负数，则应作为投资活动产生的现金流量，在"支付的其他与投资活动有关的现金"项目中反映。

4. "收到的其他与投资活动有关的现金"项目

"收到的其他与投资活动有关的现金"项目反映企业除上述各项目外，收到的其他与投资活动有关的现金。其他与投资活动有关的现金，如果价值较大的，应单列项目反映。

（二）投资活动现金流出项目

投资活动的现金流出项目包括"购建固定资产、无形资产和其他长期资产所支付的现金"项目、"投资所支付的现金"项目，以及"支付的其他与投资活动有关的现金"项目。

1. "购建固定资产、无形资产和其他长期资产所支付的现金"项目

"购建固定资产、无形资产和其他长期资产所支付的现金"项目反映企业购买、建造固定资产，取得无形资产和其他长期资产所支付的现金，包括购买机器设备所支付的现金及增值税款、建造工程支付的现金、支付在建工程人员的工资等现金支出，不包括为购建固定资产而发生的借款利息资本化部分，以及融资租入固定资产所支付的租赁费。为购建固定资产而发生的借款利息资本化部分，以及融资租入固定资产所支付的租赁费，应在"筹资活动产生的现金流量——支付的其他与筹资活动有关的现金"项目中反映。企业以分期付款方式购建的固定资产，其首次付款支付的现金在本项目中反映，以后各期支付的现金在"筹资活动产生的现金流量——支付的其他与筹资活动有关的现金"项目中反映。

2."投资所支付的现金"项目

"投资所支付的现金"项目反映企业进行权益性投资和债权性投资所支付的现金，包括企业取得的除现金等价物以外的短期股票投资、短期债券投资、长期股权投资、长期债权投资支付的现金，以及支付的佣金、手续费等附加费用。企业购买债券的价款中含有债券利息的，以及溢价或折价购入的，均按实际支付的金额反映。

需要注意的是，企业购买股票和债券时，实际支付的价款中包含的已宣告但尚未领取的现金股利或已到付息期但尚未领取的债券利息，应在"支付的其他与投资活动有关的现金"项目中反映；收回购买股票和债券时支付的已宣告但尚未领取的现金股利或已到付息期但尚未领取的债券利息，应在"收到的其他与投资活动有关的现金"项目中反映。

3."支付的其他与投资活动有关的现金"项目

"支付的其他与投资活动有关的现金"项目反映企业除上述各项目外，支付的其他与投资活动有关的现金。其他与投资活动有关的现金，如果价值较大的，应单列项目反映。

第五节 筹资活动现金流量

现金流量表需要单独反映筹资活动产生的现金流量。通过现金流量表中反映的筹资活动的现金流量，可以帮助企业的投资者和债权人了解企业在扩大规模、进行研发或日常运营时筹集资金的能力。

（一）筹资活动现金流入项目

1."吸收投资所收到的现金"项目

"吸收投资所收到的现金"项目反映企业以发行股票、债券等方式筹集资金所实际收到的款项净额（发行收入减去支付的佣金等发行费用后的净额）。

需要注意的是，以发行股票、债券等方式筹集资金而由企业直接支付的审计、咨询等费用，不在本项目中反映，而在"支付的其他与筹资活动有关的现金"项目中反映；由金融企业直接支付的手续费、宣传费、咨询费、印刷费等费用，从发行股票、债券取得的现金收入中扣除，以净额列示。

2. "借款收到的现金"项目

"借款收到的现金"项目反映企业通过举借各种短期、长期借款收到的现金。

3. "收到的其他与筹资活动有关的现金"项目

"收到的其他与筹资活动有关的现金"项目反映企业除上述各项目外，收到的其他与筹资活动有关的现金。其他与筹资活动有关的现金，如果价值较大的，应单列项目反映。本项目可根据有关科目的记录分析填列。

（二）筹资活动现金流出项目

筹资活动现金流出项目包括"偿还债务所支付的现金"项目，"分配股利、利润或偿付利息所支付的现金"项目以及"支付的其他与筹资活动有关的现金"项目。

1. "偿还债务所支付的现金"项目

"偿还债务所支付的现金"项目反映企业以现金偿还债务的本金，包括归还金融企业的借款本金、偿付企业到期的债券本金等。需要注意的是，企业偿还的借款利息、债券利息，在"分配股利、利润或偿付利息所支付的现金"项目中反映，不在本项目中反映。

2. "分配股利、利润或偿付利息所支付的现金"项目

"分配股利、利润或偿付利息所支付的现金"项目反映企业实际支付的现金股利、支付给其他投资单位的利润或用于支付借款利息、债券利息的现金。需要说明的是，不同用途的借款，其利息的开支渠道不一样，如在建工程、财务费用等，但均在本项目中反映。

3. "支付的其他与筹资活动有关的现金"项目

"支付的其他与筹资活动有关的现金"项目反映企业除上述各项目外，支付的其他与筹资活动有关的现金。其他与筹资活动有关的现金，如果价值较大的，应单列项目反映。

第六节 汇率变化对现金流量影响的计算

编制现金流量表时，应当将企业外币现金流量以及境外子公司的现金流量折算成记账本位币。《企业会计准则》规定，企业外币现金流量以及境外子公司的现金流量，应以现金流量发生日的汇率或平均汇率折算。汇率变动对现金的影响，应作为调节项目，在现金流量表中单独列示。

汇率变动对现金的影响，指企业外币现金流量及境外子公司的现金流量折算成记账本位币时，所采用的是现金流量发生日的汇率或平均汇率，而现金流量表最后一行"现金及现金等价物净增加额"中外币现金净增加额是按期末汇率折算的。这两者的差额即为汇率变动对现金的影响。

例 4-1：甲企业当期出口商品一批，售价 1 000 000 美元，销售实现时的汇率为 1：8.28，收汇当日汇率为 1：8.25；当期进口货物一批，价值 500 000 美元，结汇当日汇率为 1：8.30，资产负债表日汇率为 1：8.31。假设当期没有其他业务发生。

汇率变动对现金的影响额计算如下：

汇率变动对现金流入的影响额=1000000×（8.31－8.25）＝60000（元）

汇率变动对现金流出的影响额=500000×（8.31－8.30）＝5000（元）

汇率变动对现金的影响额=60000－5000=55000（元）

在现金流量表中，现金及现金等价物净增加额计算如下：

经营活动流入的现金=1000000×8.25=8250000（元）

经营活动流出的现金=500000×8.30=4150000（元）

经营活动产生的现金流量净额=825000000－4150000=4100000（元）

现金及现金等价物净增加额=4100000+55000=4155000（元）

在现金流量表补充资料中，现金及现金等价物净增加情况为：

银行存款的期末余额=500000×8.31=4155000（元）

银行存款的期初余额为 0，则现金及现金等价物净增加额为 4 155 000 元。

从上例可以看出，现金流量表中的"现金及现金等价物净增加额"数额与现金流量表补充资料中的"现金及现金等价物净增加额"数额相等，应当核对使其相符。在编制现金流量表时，对当期发生的外币业务，也可不必逐笔计算汇率变动对现金的影响，可以通过现金流量表补充资料中"现金及现金等价物净增加额"数额与现金流量表中"经营活动产生的现金流量净额""投资活动产生的现金流量净额""筹资活动产生的现金流量净额"三项之和比较，其差额即为汇率变动对现金的影响。

第七节 企业现金流量表分析

一、企业现金流量表结构分析

（一）经营活动现金流量

经营活动的现金流量是企业现金流量产生的主体，属于企业现金的内部来源。就工商企业而言，经营活动主要包括销售商品、提供劳务、购买商品、接受劳务以及支付税费等。现金流出项目主要有购买商品、接受劳务支付的现金；支付给职工以及为职工支付的现金；支付的各项税费；支付的其他与经营活动有关的现金。应该指出的是：各类企业由于行业特点不同，对经营活动的认定存在一定的差异，因此在编制现金流量表时应考虑到不同行业的特殊性。

（二）投资活动现金流量

投资活动是指企业长期资产的构建和不包括在现金等价物范围内的投资及其处置活动。现金流量的收支计算公式如下：

（1）收回投资所收到的现金＝（短期投资期初数－短期投资期末数）＋（长期股权投资期初数－长期股权投资期末数）＋（长期债权投资期初数－长期债权投资期末数）

（2）取得投资收益所收到的现金＝利润表投资收益－（应收利息期末数－应收利息期初数）－（应收股利期末数－应收股利期初数）

（3）处置固定资产、无形资产和其他长期资产所收回的现金净额＝"固定资产清理"的贷方余额＋（无形资产期末数－无形资产期初数）＋（其他长期资产期末数－其

他长期资产期初数）

（4）购建固定资产、无形资产和其他长期资产所支付的现金＝（在建工程期末数－在建工程期初数）×（剔除利息）＋（固定资产期末数－固定资产期初数）＋（无形资产期末数－无形资产期初数）＋（其他长期资产期末数－其他长期资产期初数）

（5）投资所支付的现金＝（短期投资期末数－短期投资期初数）＋（长期股权投资期末数－长期股权投资期初数）×（剔除投资收益或损失）＋（长期债权投资期末数－长期债权投资期初数）×（剔除投资收益或损失）

该公式中，如期末数小于期初数，则在"收回投资所收到的现金"项目中核算。

（三）筹资活动现金流量

筹资活动现金流量包括以下几方面的内容：

（1）"吸收投资所收到的现金"项目；

（2）"借款所收到的现金"项目，反映企业举借各种短期、长期借款所收到的现金；

（3）"收到的其他与筹资活动有关的现金"项目；

（4）"偿还债务所支付的现金"项目；

（5）"分配股利、利润和偿还利息所支付的现金"项目等。

二、现金流量表的作用

（一）编制下年度财务收支计划，为全面预算提供服务

全面预算是企业财务管理的一项重要工作。企业当期现金流量表中各项活动的现金流入、现金流出信息，尤其是经营活动中各现金流入、现金流出项目信息为编制下年度财务收支计划奠定了基础。因此，企业可以以现金流量表提供的信息为依据，结合企业下年度的生产、销售计划，计算出下年度的预计现金收入、现金支出、现金的多余与不足，进而编制出下年度的财务收支计划。

（二）有助于客观评价企业整体财务状况

企业管理层编制会计报表的一个主要目的就是通过报表反映企业经营情况和财务状况，为决策层提供有益的信息。通过分析现金流量表，可以分别从经营活动、投资活

动和筹资活动三个方面评价企业的财务状况。对于任何一个企业来讲，经营活动产生的现金流入，主要是销售商品和提供劳务收到的现金。企业总是希望能进行现金交易，不愿赊销，但所有的销售不可能都是现金交易，因而企业又面临应收账款管理的问题。尤其是在我国现阶段企业的应收账款很难收回，形成坏账的可能性很大。因此，经营活动产生的现金流入情况，能够反映企业财务状况的好坏。

（三）预测企业未来经营活动的现金净流量

众所周知，资金是企业的血液，企业资金充裕与否不仅关系到企业生产能否正常进行、能否产生较大的经济效益，还关系到企业能否实现其经营目标。可见，判定企业是否需要从外部筹资以及筹资金额的数量是企业财务管理的一项重要内容。从理论上讲，人们可以通过销售百分比法进行财务预测，估计企业未来融资需求，但其前提是假设收入、费用、资产、负债与销售收入存在稳定的百分比关系。一旦这种百分比关系遭到破坏，就无法计算出企业未来融资需求量。那么，依据现金流量表提供的信息，结合企业生产发展计划，采用趋势分析中的回归线法，预测企业未来经营活动的现金净流量，并以此为依据判定企业是否需要从外部筹资，并确定筹资金额，显得尤为重要。

第八节 事业单位现金流量表分析

一、我国事业单位的财务现状

当前，行政事业单位大多采取收付实现制作为会计核算的基础。从实际工作效果来看，事业单位现有的财务报表不能准确反映现金收支情况。对于制表单位而言，某一时期的实际资金状况和经济活动的活跃度可以通过现金流量表反映出来。

当前，大多数事业单位依然沿用传统的财务报表体系，这些报表在相当长的时间里为我国事业单位所沿用，曾起到过良好的作用。但随着我国深化改革步伐的不断加快，事业单位所扮演的角色开始发生变化，财务运转的复杂程度也在加大。

从我国改革和发展的全局来看，事业单位体制改革势在必行。

事业单位的运营模式逐步发生变化，过去依赖全额财政拨款或大部分财政拨款的事业单位如今都面临改制或转企的现实变化，很多事业单位的经营性活动逐步增加，改变事业单位会计基础、编制现金流量表已成为客观需要，其必要性越来越凸显。在编制现金流量表的过程中，事业单位的资金状况可以更加明晰，相关的经营、管理决策可以更为合理，可以为本单位的资金、财务状况的变化和发展趋势提供相应的预测依据，有利于事业单位更好地开展经营、投资以及筹资等相关活动。

二、具体编制事业单位现金流量表

（一）事业单位现金流量的产生

事业单位所从事的相关活动，从本质属性上看，有些与企业所从事的经营活动有诸多相似之处，因此在会计核算原则上也应具有相同点。绝大部分事业单位的现金流入大致包括拨款和收入两部分。拨款类现金流入一般包括事业和科研经费拨款、上级补助和其他经费拨款；收入类现金流入主要包括各项收费和科研收入、其他事业活动所产生的现金。事业单位的现金流出大致上有事业和基金支出，科研性活动支出，财政专户存款的支付，以及与事业活动相关的其他现金支出。不难看出，尽管事业单位的现金流入、现金流出的内容和基础具有一定的独特性，与企业有所区别，但在会计准则和会计编制方法上，事业单位与企业之间有很多相似之处。

（二）经营性活动现金流量的产生

部分事业单位有一定程度的经营性活动，这些活动大多产生于非全额财政拨款的事业单位，这样的判断也不全面，据笔者走访，有些全额财政拨款的事业单位也存在经营性活动，如出租部分闲置的房屋等。事业单位经营性活动的现金流入项通常包括：

（1）收回投资所产生的现金流入；

（2）取得投资收益；

（3）附属单位的相关收益；

（4）固定资产产生的孳息性收益；

（5）无形资产的相关收益；

（6）其他经营性活动产生的现金流量。

事业单位经营性活动的现金流出项主要包括：

（1）用于投资的现金；

（2）投资固定资产的现金；

（3）因无形资产所产生的现金支付；

（4）其他与经营性活动相关的现金支付。

（三）事业单位自身筹措资金活动所产生的现金流量

非全额财政拨款的事业单位因多种因素的影响，其资金使用上存在一定的缺口。现有资金来源即财政拨款，自有资金无法满足事业单位的现实需要，客观上直接影响了事业单位的发展壮大，也不利于其可持续发展。事业单位筹资活动的现金流入项主要包括：

（1）接受投资的现金；

（2）对外借款的现金；

（3）筹资活动相关的其他现金流入。

事业单位筹资活动的现金流出项大致包括：

（1）偿还债务的现金；

（2）偿付利息的现金；

（3）其他与筹资活动相关的现金支付。

汇率变动的影响也应是事业单位现金流量表中应体现的内容，现金因汇率变动产生的增、减额之差即为汇率变动对事业单位的实际影响。

三、编制事业单位现金流量表的现实意义

（一）及时、准确地反映事业单位的资金状况

与事业单位现行的财务报表相比，现金流量表有其自身的优点。现金流量表可以较为及时、准确地反映现金的增减变化，同时也能较为直观地反映产生变化的原因。在事业单位的经营性活动中，会存在数额不等的应收账款，这部分应收账款与企业经营中的应收账款无本质区别。应收账款账龄的长短及对其可回收性的判断直接影响到事业单位的资产质量，在这一方面资产负债表较难具体体现，现金流量表则弥补这一不足。按

照现行会计准则，事业单位拥有的固定资产，应体现计提相应比例的修购基金，计提后资产必然减少，但实际上并不会导致本单位现金流量的减少，现金流量表中会充分反映现金流量的实际变化，可以修正资产负债表和收入支出表（利润表）的偏差，弥补了缺陷。

（二）反映事业单位的实际经济能力

一部分有经营性活动的事业单位，其实际的资产质量代表了自身的偿付能力，现金流量表包含库存现金、银行存款等重要信息，可以让事业单领导人员更好地了解本单位自身的财务状况，借助现金流量表的主要信息辅助决策。现金流量表的增设，可以有效防范事业单位自身经营的财务风险，减少因财务信息因素造成的意外损失。现金流量表可以消除事业单位当前的财务报表体系所忽视和掩盖的风险，科学、客观地体现事业单位自身的实际偿付能力。

（三）强化对事业单位获利能力的预判

通过以上的分析可以看出，事业单位增设现金流量表可以更及时、直观地体现事业单位的财务、资金状况。当前，国家已经把事业单位改革作为重要目标大力推进，越来越多的事业单位处在改革的状态下，一方面，这些事业单位的财务要素与以前相比更为复杂，原有的财务报表体系不能适应新的要求；另一方面，这些事业单位因业务领域的拓展，关联业务单位和合作伙伴的数量大幅上升。增设现金流量表可以更好地辅助业务关联单位和合作伙伴了解这些事业单位的财务、资金状况，消除因信息要素缺失产生的合作障碍，更好地实现合作共赢的目标。

现金流量表中所提供和体现的重要财务信息，是对事业单位原有财务报表体系的有效补充，修正了事业单位事业结余和实际现金流量之间可能形成的误差。对于促进事业单位的深化改革，降低和减少事业单位自身的财务风险，提升财务、资金变化的预判能力，优化企业经营和管理决策都具有非常重要和积极的意义。

四、优化科研事业单位财务报告编制的措施

（一）优化资产负债表

在科研事业单位的资产负债表优化方面，重点是需要围绕权责发生制，对资产负债表进行进一步的规范和完善。在日常会计核算工作中，必须对所有的科目、内容及列示项目等进行全面的、正确的认识，不断提升资产负债表的准确性与真实性，更好地满足事业单位的现实工作需求。如果要加强对科研事业单位无形资产及固定资产的核算，应科学运用累计摊销、分摊累计折旧以及计提等技术手段，优化资产负债表的质量。分析财务报告时，首先要准确核实科研项目中的相关内容，包括具体的费用支出与分摊累计折旧等内容，确保资产负债表内容的准确性与有效性。除此之外，在现在的会计制度下，如果科研项目中出现设备及其他物品支出时，可以定义为借记在途物品及借记事业支出，使核算项目更为精细化，同时应充分借鉴企业财务报告中会计存货的相关处理方式，在具体的存货项目中列支二级项目，以便于会计核算，进一步优化资产负债表。

（二）优化现金流量表

在现金流量表的优化方面，重点是对财政项目收支对称等勾稽关系进行分析，尤其是对科研性质的事业单位来说，要更好地对预算与实际资金使用做出平衡，尽量缩小两者之间的差距。科研事业单位在会计工作方面还需要不断向企业学习，如以企业现金流量表的标准为参照，结合自身单位的实际情况，来优化和编制现金流量表，更加准确、及时地反映单位现金的增减变动情况。以目前的现金流量表为例，科研事业单位需要借鉴企业关于现金流量表的核算机制，同时针对科研事业单位项目研发分阶段的支出问题，通过将技术研发细分为研发阶段、开发阶段等过程，对各项支出的现金流量进行处理，其中，对研发阶段的支出采用费用化处理，而对开发阶段的支出则采用资本化方式处理，进而优化现金流量表，明确科研事业单位在项目投入过程中独立科目的核算研究，并细化相关支出项目。

（三）优化报表附注

会计报表附注是指对会计报表的编制基础、编制原理和方法以及主要项目等所做的解释和进一步的说明，从而使报表使用者全面、正确地理解会计报表。目前，国家需要

全面加强政府会计基础数据信息化建设，以政府财务报告的编制要求为标准完善信息系统功能，充分利用互联网、大数据的信息化基础，增强数据统计的全面性与准确性，以逐步进行各级政府财务会计报告中的往来和收支核对。同时，要提高政府财务报告的数据质量，增加相关单位往来及收支业务的对账功能，使债权债务、收入支出对应的填报单位信息互通，填报准确，提高数据的利用价值。此外，还应在制度层面上进一步明确业务相关单位的账务处理方式，规范会计科目使用，统一账务处理口径，为合并抵销做好前期的数据准备工作。针对科研事业单位中的财务报表附注，需要结合项目研发过程给出对费用支出的解释，同时按照最新政府会计制度的相关要求，在报表附注中，将科研项目中的研发支出、研发投入以及研发试验及失败过程中的所有经费投入与支出进行详细披露，并给出相应的解释，做到清楚无误，不能存在隐瞒行为，保证后期能够准确地核对财务报表。

（四）优化报表细节问题

对于报表细节的优化，首先，要在报表附注方面做好清晰、明确的解释与说明工作，确保所有的基层财会人员都能够对报表内容一目了然，并能够准确地理解报表信息。其次，要严格依照政府会计制度所给出的所有指导、规范和要求，详尽披露一切报表相关内容，使其能够反映出更加详细和全面的信息，使报表得到更有价值的发挥和应用。科研事业单位在制作财务报表的过程中，需要从定量和定性角度出发，对财务报表的类目进行有效核实，如在制定财务考核预算时，要根据考核工作的相关条例要求，对目前涉及科研项目的预算类目进行优化，对人员经费、设备经费、研发经费、劳务费等方面进行优化调整，并从科研项目研发的实际角度出发，对目前的财务支出进行详细标注，促进科研项目的高质量实施。

第五章 财务报表的主要指标分析

第一节 偿债能力分析

偿债能力是企业清偿到期债务的能力。企业在生产经营过程中，为了弥补自身资金的不足，需要对外举债。举债经营的前提是必须能按时偿还本金和利息，否则就会使企业陷入困境甚至危及企业的生存。导致企业破产的最根本、最直接的原因是企业不能偿还到期债务。因此，通过偿债能力分析，可以使债权人和债务人双方都认识到风险的存在和风险的大小，债权人可以做出是否贷款的决策，债务人可以了解自己的财务状况和偿债能力的大小，进而为下一步的资金安排或资金筹措做出决策。

企业的负债按照偿还期限的长短，可以分为流动负债和非流动负债。与此相对应，企业的偿债能力分为短期偿债能力和长期偿债能力。

一、短期偿债能力分析

（一）短期偿债能力的概念

短期偿债能力是指企业流动资产对流动负债及时足额偿还的保证程度，是衡量企业当前财务能力，特别是流动资产变现能力的重要标准。例如，一家银行在考虑是否给企业提供短期贷款时，它关心的是该企业的资产流动性比率；对长期债权人而言，他们着眼于企业的盈利能力和经营效率，对资产的流动性则较少注意。

流动负债和流动资产对比的指标，包括流动比率、速动比率、现金比率等。

（二）影响企业短期偿债能力的表外因素

有一些表外因素会影响企业的短期偿债能力，甚至影响相当大。财务报表的使用人应该了解这些方面的信息，有利于其做出正确的判断。

1.增强短期偿债能力的表外因素

（1）可动用的银行贷款指标。银行已经同意、企业未办理贷款手续的银行贷款限额，可以随时增加企业的现金，提高支付能力。

（2）准备很快变现的非流动资产。例如：储备的土地、未开采的采矿权、目前出租的房产等，在企业发生资金周转困难时，将其出售并不会影响企业的持续经营。

（3）偿债能力的声誉。如果企业的信用很好，在短期偿债方面出现暂时困难时，比较容易筹集到短缺的资金。

2.降低短期偿债能力的表外因素

（1）与担保有关的或有负债。如果它的数额较大并且可能成为现实，就应该在评价偿债能力时给予关注。

（2）经营租赁合同中承诺的付款，很可能是需要偿付的义务。

（3）建造合同、长期资产购置合同中的分阶段付款，也是一种承诺，应视同需要偿还的债务。

（三）短期偿债能力指标分析

1.流动比率

流动比率是企业流动资产与流动负债的比值。其计算公式为：

流动比率=流动资产÷流动负债

流动比率可以反映企业的短期偿债能力。该指标可以排除企业规模不同的影响，适合企业间以及同一企业不同历史时期的比较。这个比率越高，说明企业短期偿债能力越强，流动负债得到偿还的保障越大。一般认为，生产型企业合理的最低流动比率是2。流动资产通常应该是流动负债的2倍，原因有以下几点：

（1）流动资产中的一定比例在事实上是长期存在的，因而具有实质上的长期资产特性，即资金占用的长期性，因而应该由长期资金予以支撑。

（2）流动资产如果全部由流动负债支撑，即流动比率为1，那么，一旦发生金融危机或企业信用危机，企业生产经营周转将会面临十分严重的困难。

对流动比率的分析，应该结合不同的行业特点和企业流动资产结构等因素进行。有的行业流动比率较高，有的行业流动比率较低，不应该用统一的标准来评价各企业流动比率是否合理。只有和同行业的平均流动比率、本企业历史的流动比率进行比较，才能知道这个比率是高还是低。

流动比率有某些局限性，在使用时应注意，假设全部流动资产都可以变为现金并用于偿债，全部流动负债都需要偿还。实际上，有些流动资产的账面价值与变现金额有较大差异，如产成品等；经营性流动资产是企业持续经营所必需的，不能全部用于偿债；经营性应付项目可以滚动存续，无需动用现金全部结清。因此，流动比率是对短期偿债能力的粗略估计。

2.速动比率

构成流动资产的各个项目的流动性有很大差别。其中的货币资金、交易性金融资产和各种应收、预付款项等，可在较短时间内变现，称为速动资产。除此之外的流动资产，包括存货、一年内到期的非流动资产及其他流动资产等，称为非速动资产。

非速动资产的变现时间和数量具有较大的不确定性：

（1）存货的变现速度比应收账款要慢得多；部分存货可能已损失报废还没做处理，或者已抵押给某债权人，不能用于偿债；存货估价有多种方法，可能与变现金额相差悬殊。

（2）一年内到期的非流动资产和其他流动资产的数额有偶然性，不代表正常的变现能力。因此，将可偿债资产定义为速动资产，计算出来的短期债务存量比率更令人信服。

速动资产有两种计算方法：其一是将货币资金、交易性金融资产、应收票据及应收账款净额（应收票据及应收账款，扣除坏账准备）和预付款项相加；其二是用流动资产扣除存货、一年内到期的非流动资产和其他流动资产等项目。

速动比率是企业速动资产与流动负债的比率。其计算公式为：

速动比率=速动资产÷流动负债

　　　　=（货币资金+交易性金融资产+各种应收、预付款项）÷流动负债

速动比率假设速动资产是可以用于偿债的资产，表明每一元流动负债有多少速动资产作为偿还保障。之所以要在流动比率之外，再以速动比率来说明企业的短期偿债能力，

是因为流动资产中的存货可能存在流动性问题，即缺乏正常的变现能力。若是如此，流动比率即便看起来很正常（在 2 左右），但是速动比率偏低，那么，企业的实际短期偿债能力依然存在问题。速动比率的经验值为 1,意味着存货占流动资产的比例应该为 50% 左右。存货比例过高且变现有困难时，就意味着可用于偿还流动负债的速动资产过少。

在分析速动比率时要注意，速动比率虽然剔除了变现能力较弱的存货资产，但速动资产中的应收票据及应收账款本身也可能存在一些潜在的问题，如可能隐藏着未冲销的坏账、逾期待催收的账款所占比重过大等，这些都会影响速动比率的真实性。因此，还应当对应收票据及应收账款的"质量"做进一步的分析。另外，还要注意，速动比率是假设企业面临财务危机，或者在办理清算时，在存货等资产全无市场价值的情况下，以速动资产支付流动负债的短期偿债能力，是衡量企业应付紧急情况时的应变能力，速动比率低，不代表企业就失去了偿债能力。最后应当注意，进行速动比率分析时，还应该对速动资产的结构与速动资产的变动趋势进行必要的分析，注意与本企业历史年份的资料进行比较以及与同行业的平均水平进行比较。

3.现金比率

在速动资产中，流动性最强、可以直接用于偿债的资产称为现金资产。它主要包括货币资金、交易性金融资产等。现金比率是企业现金资产与流动负债的比率，其计算公式为：

现金比率=（货币资金+交易性金融资产）÷流动负债

现金比率是最保守的短期偿债能力比率。通常情况下，分析者很少重视这一指标。如果企业的流动性不得不依赖现金和有价证券，而不是依赖应收票据及应收账款和存货的变现，那么就意味着企业已处于财务困境，因此，只有在企业已处于财务困境时，才会重视该比率。在企业已将应收账款和存货作为抵押品的情况下，或者分析者怀疑企业的应收票据及应收账款和存货存在流动性问题时，以现金比率评价企业短期偿债能力是比较适当的选择。就正常情况下的企业而言，该比率过高，可能意味着该企业没有充分利用现金资源，当然，也有可能是因为已经有了现金使用计划（如厂房扩建等）。通常现金比率保持在 30%左右为宜。

二、长期偿债能力分析

衡量企业长期偿债能力的财务比率，分为存量比率和流量比率两类。

（一）总债务存量比率

从长期来看，所有债务都需要偿还。因此，反映企业长期偿债能力的存量比率是总债务、总资产和股东权益之间的比例关系。常用比率包括资产负债率、产权比率和权益乘数。

1.资产负债率

资产负债率是负债总额占资产总额的百分比。该指标表明企业全部资金中有多少来源于举借债务，是对企业负债状况的一个总体反映，也是衡量企业财务风险的主要指标。资产负债率的计算公式如下：

资产负债率=负债总额÷资产总额×100%

资产负债率越高，企业每年偿付利息、到期偿付本金的压力越大；资产负债率越低，企业将来所负的债务越少，企业偿债越有保证，贷款越安全。债权人对较高的负债比率非常谨慎。如果需要融资的企业已经有大额债务，再增加债务会使其不堪重负。因而债权人为了保护自己，通常会对负债比率较高的企业要求较高的利润率。

资产负债率还代表企业的举债能力。一个企业的资产负债率越低，举债越容易。如果资产负债率高到一定程度，再没有人愿意提供贷款了，则表明企业的举债能力已经用尽。

资产负债率可以衡量企业在清算时保护债权人利益的程度。这一比率越低（50%以下），表明企业的偿债能力越强。通常，在破产拍卖时，资产的售价不到账面价值的50%，因此资产负债率高于50%，则说明债权人的利益缺乏保障。各类资产变现能力有显著区别，房地产变现的价值损失小，专用设备则难以变现。不同企业的资产负债率不同，与其持有的资产类别有关。

事实上，对这一比率的分析，还要注意不同使用人。从债权人的立场来看，债务比率越低越好，企业偿债有保证，贷款不会有太大风险；从股东的立场来看，在全部资本利润率高于借款利息率时，负债比率越大越好，因为股东此时所得到的利润就会加大。从财务管理的角度来看，在进行借入资本决策时，企业应当审时度势，全面考虑，充分估计预期的利润和增加的风险，权衡利害得失，做出正确的分析和决策。

2.产权比率

产权比率也称资本负债率，是指企业负债总额与所有者权益总额的比率，是衡量企业资本结构是否合理、稳定的重要标志，同时，产权比率也表明企业所有者权益对债权人权益的保障程度。产权比率的计算公式如下：

产权比率＝负债总额÷所有者权益总额

产权比率不仅反映由债务人提供的资本与所有者提供的资本的相对关系，而且反映企业以自有资金偿还全部债务的能力，因此它又是衡量企业负债经营是否安全的重要指标。通常，这一比率越低，表明企业长期偿债能力越强，债权人权益保障程度越高、承担的风险越小。一般认为，当产权比率在100%以下时，企业应该是有偿债能力的，但还应该结合企业的具体情况加以分析。当企业的资产收益率大于负债成本率时，负债经营有利于提高资金收益率，获得额外的利润，这时的产权比率可适当高些。产权比率高，是高风险、高报酬的财务结构；产权比率低，是低风险、低报酬的财务结构。

产权比率与资产负债率对评价偿债能力的作用基本一致，两者的主要区别是：资产负债率侧重于分析债务偿付安全性的物质保障程度，产权比率则侧重于揭示财务结构的稳健程度以及自由资金对偿债风险的承受能力。

3.权益乘数

权益乘数是指资产总额相当于股东权益的倍数，表明股东权益拥有的总资产。权益乘数越大，表明所有者投入企业的资本占全部资产的比重越小，企业负债的程度越高；反之，权益乘数越小，表明所有者投入企业的资本占全部资产的比重越大，企业的负债程度越低，债权人权益受保护的程度越高。权益乘数的计算公式如下：

权益乘数＝资产总额÷股东权益总额

=1÷（1－资产负债率）

权益乘数是常用的财务杠杆，可以反映特定情况下资产利润率和权益利润率之间的倍数关系。

（二）总债务流量比率

1.利息保障倍数

利息保障倍数是指息税前利润为利息费用的倍数，反映企业经营活动承担利息支出的能力。该系数越高，企业偿还长期借款的可能性就越大；反之，企业偿还长期借款的可能性就越小。企业生产经营活动创造的净收益，是企业支付利息的资金保证。如果企业创造的净收益不能保证支付借款利息，借款人就应考虑收回借款。一般认为，当利息保障倍数在 3 或 4 以上时，企业的付息能力就有保证；低于 3 或 4，就应考虑企业有无偿还本金和支付利息的能力。利息保障倍数的计算公式如下：

利息保障倍数=息税前利润÷利息费用

利息保障倍数是对资产负债率的有益补充，因为资产负债率仅测算债务对企业财务状况（资产负债表）的影响，并不涉及企业支付利息的能力。而长期负债除了要求到期偿还本金之外，每年还要支付利息。如果企业出现不能及时偿还利息的情况，就会影响企业的信誉和企业的举债能力。如果资产负债表显示企业有净现金借出，则企业实际没有净利息流出，则说明该指标的计算没有意义。

2.现金流量利息保障倍数

现金流量利息保障倍数是指经营现金流量为利息费用的倍数，它表明 1 元的利息费用有多少倍的经营现金流量做保障。它比以收益为基础的利息保障倍数更可靠，因为实际用以支付利息的是现金，而不是收益。现金流量利息保障倍数的计算公式如下：

现金流量利息保障倍数=经营现金净流量÷利息费用

第二节 营运能力分析

企业营运能力是指企业对资产的管理与运营效率。当企业的资产处在静止状态时，不可能产生收益，只有当企业运用这些资产进行生产经营活动时，才有可能产生收益。因此，企业的营运能力越强，资产的周转速度越快，企业获得收益的可能性就越大。企业营运能力一般通过企业资产管理比率来衡量，主要表现为资产管理及资产利用的效率。

企业营运能力分析的作用主要有三个方面：第一，评价企业资产营运的效率；第二，发现企业在资产营运中存在的问题；第三，作为盈利能力分析和偿债能力分析的基础与补充。

一、流动资产周转率

流动资产周转率是一定时期内营业收入和流动资产平均余额的比率。流动资产周转率的计算一般可以采取以下两种方式：

流动资产周转率（次数）=营业收入÷流动资产平均余额

式中，流动资产平均余额=（流动资产期初余额+流动资产期末余额）÷2

流动资产周转天数=计算期天数（365）÷流动资产周转次数

=计算期天数（365）×流动资产平均余额÷营业收入

流动资产周转次数表明流动资产1年中周转的次数，或者说是1元流动资产所支持的营业收入。流动资产周转天数表明流动资产周转1次所需要的时间，也就是流动资产转换成现金平均需要的时间。流动资产与营业收入之比，表示的是1元营业收入所需要的流动资产投资。流动资产的周转次数越多，周转天数越少，周转速度越快，流动资产营运能力就越好；反之，周转速度越慢，流动资产营运能力就越差。企业提高流动资产的周转速度可以提高资金利用的效率，相当于在企业的运营当中投入了更多的流动资产，有助于企业提高收益。

通常，流动资产中应收账款和存货占绝大部分，因此，它们的周转状况对流动资产周转具有决定性的影响。

二、存货周转率

存货周转率是营业收入（或营业成本）与存货平均余额的比值。

存货周转率的计算一般可以采取以下两种方式：

存货周转率（次数）=营业收入（或营业成本）÷存货平均余额

式中：存货平均余额=（存货期初余额+存货期末余额）÷2

存货周转天数=计算期天数（365）÷存货周转次数

=计算期天数（365）×存货平均余额÷营业收入（或营业成本）

在计算和使用存货周转率时，应注意以下问题：

第一，计算存货周转率时，选择"营业收入"还是"营业成本"作为周转额，要看财务报表分析的目的。在短期偿债能力分析中，为了评估资产的变现能力，需要计量存货转换为现金的数量和时间，因此应采用"营业收入"。在分解总资产周转率时，为系统分析各项资产的周转情况并识别主要的影响因素，应统一使用"营业收入"计算存货周转率。如果是为了评估存货管理的业绩，则应当使用"营业成本"计算存货周转率，使其分子和分母保持口径一致。实际上，两种周转率的差额是由毛利引起的，用哪一种方式计算都能达到分析的目的。

第二，存货周转天数不是越少越好。存货过多，会浪费资金；存货过少，则不能满足流转的需要。因此，在特定的生产经营条件下，存在一个最佳的存货水平，存货不是越少越好。

第三，注意应付款项、存货和应收账款（或销售）之间的关系。一般说来，销售增加会拉动应收账款、存货和应付账款的增加，不会引起周转率的明显变化。但是，当企业接受一个大的订单时，先要增加采购，然后依次推动存货和应收账款的增加，最后才会引起收益增加。因此，在该订单交易以前，先表现为存货周转天数的增加。与此相反，当企业预见到销售会萎缩时，先要减少采购，然后依次引起存货周转天数的下降。任何财务分析都应以认识经营活动的本质为目的，不可根据数据的高低简单下结论。

第四，关注构成存货的产成品、自制半成品、原材料、在产品和低值易耗品之间的比例关系。各类存货的明细资料以及对存货发生重大变动的解释，在报表附注中均应有披露。在正常情况下，它们之间存在某种比例关系。如果产成品大量增加，其他项目减少，很可能是企业销售不畅，放慢了生产节奏，此时，总的存货金额可能并没有显著变动，甚至尚未引起存货周转率的显著变化。因此，在进行财务报表分析时既要重点关注变化大的项目，也不能完全忽视变化不大的项目，因为报表内部可能隐藏着一些重要的问题。

三、应收账款周转率

应收账款周转率是赊销收入净额与应收账款平均余额的比率。应收账款周转率的计算一般可以采取以下两种方式：

应收账款周转率（次数）=赊销收入净额÷应收账款平均余额

式中，赊销收入净额=主营业务收入－现销收入－销售退回（折让/折扣）

应收账款平均余额=（应收账款期初余额+应收账款期末余额）÷2

应收账款周转天数=计算期天数（365）÷应收账款周转次数

=计算期天数（365）×应收账款平均余额÷赊销收入净额

应收账款周转次数表明应收账款 1 年中周转的次数，或者说明 1 元应收账款投资支持的销售收入。应收账款周转天数也称应收账款的收现期，表明从销售开始到回收现金平均需要的天数。

计算和使用应收账款周转率时应注意以下问题：

（1）主营业务收入的赊销比例问题。从理论上说，应收账款是赊销引起的，其对应的流量是赊销额，而非全部主营业务收入。因此，计算时应使用赊销额取代主营业务收入。但是，由于外部分析人员无法取得赊销数据，因此只好直接使用主营业务收入计算。实际上，这相当于假设现金销售是收现时间等于零的应收账款。只要现金销售与赊销额的比例是稳定的即可。

（2）应收账款年末余额的可靠性问题。应收账款是特定时点的存量，容易受季节、偶然因素和人为因素的影响。在应收账款周转率用于业绩评价时，最好使用多个节点的平均数，以减少这些因素的影响。

（3）应收账款减值准备问题。统一财务报表上列示的应收账款是已经提取减值准备后的净额，而销售收入并没有相应减少。其结果是，提取的减值准备越多，应收账款周转天数越少。这种周转天数的减少不能代表好的业绩，反而说明应收账款的管理欠佳。如果减值准备数额较大，就应进行调整，使用未提取坏账准备的应收账款计算周转天数。报表附注中应披露应收账款减值的信息，并作为调整的依据。

（4）应收票据是否计入应收账款周转率的问题。大部分应收票据是销售形成的，是应收账款的另一种形式，应将其纳入应收账款周转天数的计算，称为"应收账款及应收票据周转天数"。

（5）应收账款周转天数是否越少越好的问题。应收账款是赊销引起的，如果赊销比现金销售更有利，周转天数就不会越短越好。收现时间的长短与企业的信用政策有关。例如，A 企业的应收账款周转天数是 18 天，信用期限是 20 天；B 企业的应收账款周转天数是 15 天，信用期限是 10 天。前者应收账款的业绩优于后者，尽管其周转天数较多。改变信用政策，通常会引起应收账款周转天数的变化。信用政策的评价涉及多种因素，不能仅仅考虑周转天数的缩短。

（6）应收账款的分析应同销售额分析、现金分析联系起来。应收账款的起点是销售，终点是现金。在正常情况下，销售增加会引起应收账款的增加，现金的存量和经营性现金流量也会随之增加。如果一个企业的应收账款日益增加，而销售额和现金日益减少，则可能是销售出了比较严重的问题。

总之，分析人员应当深入分析应收账款，并且要注意应收账款与其他问题之间的联系，这样才能正确评价应收账款周转率。

四、总资产周转率

总资产周转率是营业收入与总资产平均余额之间的比率。总资产周转率的计算一般可以采取以下两种方式：

总资产周转率（次数）=营业收入÷总资产平均余额

式中，总资产平均余额=（总资产期初余额+总资产期末余额）÷2

总资产周转天数=计算期天数（365）÷总资产周转率

=计算期天数（365）×总资产平均余额÷营业收入

总资产周转次数表示总资产在1年中周转的次数。在销售利润率不变的情况下，周转次数越多，形成的利润越多，所以它可以反映盈利能力，也可以被理解为每1元资产投资所产生的销售额。企业产生的销售额越多，说明资产的使用和管理效率越高。所以这个指标可以粗略地计量企业资产创造收入的能力，反映企业管理层管理企业资产的能力。当然，企业资产的组成很复杂，所以这个指标只是一种粗略的描述，还要具体考虑企业资产的情况才能做出合理、细致的评价。

总资产周转天数是以时间长度表示的总资产周转率，它表示总资产周转1次所需要的时间。时间越短，总资产的使用效率越高，盈利性越好。

第三节 盈利能力分析

盈利能力是指企业赚取利润的能力。一般来讲，企业的盈利能力只涉及正常的营业状况。非正常的营业状况也会给企业带来收益或者损失，但这只是特殊情况，不能说明企业的能力。

评价企业盈利能力的指标主要有以下两类：

（1）与投资有关的盈利能力。这类分析需要综合资产负债表和利润表的资料，研究利润与企业总资产或所有者投入资本之间的比率关系。其主要指标包括净资产收益率、总资产收益率等。

（2）与销售有关的盈利能力。这类分析只利用利润表资料，研究利润与收入或成本之间的比率关系。其主要指标包括营业毛利率、营业利润率、营业净利率、成本费用利润率等。

一、与投资有关的盈利能力分析

与投资有关的盈利能力分析主要是对总资产收益率和净资产收益率指标进行分析与评价。

（一）总资产收益率

总资产收益率是指企业在一定时期内的息税前利润总额和总资产平均余额的比率。总资产收益率的计算公式为：

总资产收益率=息税前利润总额÷总资产平均余额×100%

式中，总资产平均余额=（总资产期初余额+总资产期末余额）÷2

总资产收益率主要用来反映在不考虑利息费用和纳税因素，只考虑经营情况时，管理层对能够运用的所有资产的管理程度，以及利用企业现有资源创造价值的能力。这一比率越高，说明企业全部资产的盈利能力越强；反之，则说明企业全部资产的盈利能力越弱。该指标与息税前利润总额成正比，与总资产平均余额成反比。

这个比率主要衡量企业的盈利能力，没有考虑企业的财务结构和税收影响。虽然股东的报酬由总资产收益率和财务杠杆共同决定，但提高财务杠杆会同时增加企业风险，往往不能增加企业价值。此外，财务杠杆的提高有诸多限制，企业经常处于财务杠杆不可能再提高的临界状态。因此，驱动净资产收益率的基本动力是总资产收益率。

（二）净资产收益率

净资产收益率是指企业净利润与所有者权益平均余额（净资产平均余额）的比率。净资产收益率的计算公式为：

净资产收益率＝净利润÷净资产平均余额×100%

式中，净资产平均余额＝（净资产期初余额+净资产期末余额）÷2

净资产收益率反映了每1元股东资本赚取的净收益，可以衡量企业总体的盈利能力。因此，净资产收益率越高越好。这个比率对普通股股东来说非常有意义，股东可以用这个数据和自己的期望收益率相比，决定是否继续投资该公司。除非有特殊的原因，否则不要投净资产收益率很低的公司。同样，管理层也可以用这个数据和企业的贷款利率相比较，如果净资产收益率比贷款利率高，那么说明企业很好地利用了财务杠杆，为股东创造了更多价值。

二、与销售有关的盈利能力分析

与销售有关的盈利能力分析主要是对营业毛利率、营业净利率、营业利润率和成本费用利润率指标进行分析与评价。

（一）营业毛利率

营业毛利率是毛利占营业收入的百分比，其中，毛利是营业收入与营业成本的差。营业毛利率的计算公式为：

营业毛利率＝（营业收入－营业成本）÷营业收入×100%

营业毛利率表示每1元营业收入扣除营业成本后，有多少钱可以用于各项期间费用及形成盈利。营业毛利率是营业净利率的基础，没有足够大的毛利率，企业便不能盈利。

不同行业的毛利率水平不同。在同一行业内，经营模式不同，毛利率的差异也较大。

但在不同行业，即使各企业的经营模式一样，其毛利率也会存在较大差异。

（二）营业净利率

营业净利率是指净利润与营业收入的比率，该指标反映每 1 元营业收入带来的净利润是多少，表示营业收入的收益水平。这个指标通常越高越好。营业净利率的计算公式为：

营业净利率=净利润÷营业收入×100%

营业净利率的大小主要受营业收入和净利润的影响，从最初的利润到最终的净利润，中间要经过营业成本、税金及附加、三项期间费用、资产减值损失、公允价值变动收益、投资收益及所得税等多个环节，才能形成企业的净利润。因此，这些项目的增减变化都会影响到营业净利率的大小。

要想提高营业净利率，一是要扩大营业收入，二是要降低成本费用。而降低各项成本费用开支是企业财务管理的一项重要内容。通过对各项成本费用开支的列示，有利于企业进行成本费用的结构分析，加强成本控制，为寻求降低成本费用的途径提供依据。通过分析营业净利率的升降变动，可以促使企业在扩大销售的同时改进经营管理，提高盈利水平。

营业净利率是企业销售的最终盈利能力指标。该比率越高，说明企业的盈利能力越强，但是它受行业特点的影响较大。通常，资本越密集的企业，其营业净利率就越高；反之，资本密集程度较低的企业，其营业净利率也较低。

（三）营业利润率

营业利润率是指企业一定期间的营业利润与营业收入的比率。营业利润率的计算公式为：

营业利润率=营业利润÷营业收入×100%

该指标揭示了在企业的利润构成中营业利润所占的比率，表明企业每 1 元的营业收入能带来多少营业利润，反映了企业主营业务的盈利能力。通常说来，该比率越高，企业的盈利越稳定。

营业利润率是从企业主营业务的盈利能力和获利水平方面对资本金收益率指标的进一步补充，体现了企业主营业务利润对利润总额的贡献，以及对企业全部收益的影响程度。同时，该指标也体现了企业经营活动最基本的盈利能力，没有足够大的营业利润率就无法形成企业的最终利润。因此，结合企业的营业收入、营业成本进行分析，便能够充分考查企业在成本控制、费用管理、产品营销、经营策略等方面的成绩与不足。

（四）成本费用利润率

成本费用利润率是企业一定期间的利润总额与成本费用总额的比率，其计算公式为：

成本费用利润率＝利润总额÷成本费用总额×100%

式中的利润总额和成本费用总额来自企业的利润表。成本费用一般指营业成本、税金及附加和三项期间费用。

成本费用利润率指标表明每付出 1 元成本费用可获得多少利润，体现了经营耗费所带来的经营成果。该项指标越高，表示企业为取得利润而付出的代价越小，成本费用控制得越好，企业的盈利能力越强。

第四节 发展能力分析

企业的发展能力是指未来生产经营活动的发展趋势和增长潜力。之前的财务比率分析，都是从静态的角度出发来分析企业的财务状况，包括盈利能力、营运能力、偿债能力等。而发展能力分析是从动态的角度着眼，分析和预测企业的增长潜力，是对静态分析的有力补充。

企业的价值不仅取决于现有的财务状况，更取决于企业未来的发展能力。因此，企业的发展能力特别受到股权投资者的关注。通过发展能力分析评价企业的持续发展情况，有利于投资者选择合适的投资目标，做出正确的投资决策。

考查企业发展能力的指标主要有营业收入增长率、净利润增长率、资本积累率、总资产增长率、营业利润增长率、资本保值增值率、技术投入比率、三年销售平均增长率和三年平均资本增长率等指标。以下仅对前五种指标进行介绍。

一、营业收入增长率

营业收入增长率是企业本年营业收入增长额与上年营业收入总额的比率，它反映了企业营业收入的增减变动情况。营业收入增长率大于零，表明企业本年营业收入有所增长。该指标值越高，表明企业营业收入的增长速度越快，企业市场前景越好。营业收入增长率的计算公式为：

营业收入增长率=本年营业收入增长额÷上年营业收入总额×100%

式中，本年营业收入增长额=本年营业收入总额－上年营业收入总额。

二、净利润增长率

净利润增长率是企业本年净利润增长额与上年净利润总额的比率，它反映了企业净利润的增减变动情况。该指标越高，表明企业获取净利润的能力越强；反之，则表明企业获取净利润的能力越弱。净利润增长率的计算公式为：

净利润增长率=本年净利润增长额÷上年净利润总额×100%

式中，本年净利润增长额=本年净利润总额－上年净利润总额。

三、资本积累率

资本积累率是企业本年所有者权益增长额与年初所有者权益总额的比率，它反映了企业当年的资本积累能力。资本积累率越高，表明企业的资本积累越多，企业应对风险、持续发展的能力越强。资本积累率的计算公式为：

资本积累率=本年所有者权益增长额÷年初所有者权益总额×100%

式中，本年所有者权益增长额=年末所有者权益总额－年初所有者权益总额。

四、总资产增长率

总资产增长率是企业本年总资产增长额与年初资产总额的比率，它反映了企业本期资产规模的增长情况。总资产增长率越高，表明企业一定时期内资产经营规模扩张的速度越快。但在分析时，数据使用者应关注资产规模扩张的质和量的关系，以及企业的后续发展能力，避免盲目扩张。总资产增长率的计算公式为：

总资产增长率=本年总资产增长额÷年初资产总额×100%

式中，本年总资产增长额=年末资产总额－年初资产总额。

五、营业利润增长率

营业利润增长率是企业本年营业利润增长额与上年营业利润总额的比率，它反映了企业营业利润的增减变动情况。营业利润增长率的计算公式为：

营业利润增长率=本年营业利润增长额÷上年营业利润总额×100%

式中，本年营业利润增长额=本年营业利润总额－上年营业利润总额。

第六章 财务报表综合分析

第一节 杜邦财务分析体系

在企业发展过程中，对于财务状况进行综合分析的方法较多，但最常用的当属于杜邦财务分析体系，这是以财务指标之间的关系来对企业经营状况进行综合分析的方法，能够更直观、明了地对企业的财务状况和经营成果进行反映，从而全面提升企业的财务管理水平。

一、传统的杜邦财务分析体系的局限性

（一）在财务指标的选用上存在缺陷

在杜邦财务分析体系中，在分析时所选用的财务指标具有片面性，即多以相对指标为主，而对在实践中具有较高影响的绝对指标较为忽视。再加之企业财务分析指标受人为控制，这就造成部分指标无法深入对企业的财务现状进行反映，很难保证企业财务评估的准确性。

（二）计算总资产利润率的总资产与净利润不匹配

企业总资产为全部资产提供者提供的资产，而净利润则专门属于股东，在对总资产进行计算时，存在着总资产与净利润不匹配的问题，无法对实际的回报率进行有效反映。在企业发展过程中，股东、有息债务的债权人和无息债务的债权人为资产提供者，其中无息债务的债权人不要求分享收益，由于股东和有息债务的债权人要求分享收益，因此

需要对两者投入的资本进行计算，以此来对企业的基础盈利能力进行反映。企业经济活动包括经营活动和金融活动两种，这使得企业资产也要分为为经营活动所用和为金融活动所用。同时，负债也要区分是在经营活动中产生的还是在金融活动中产生的，只有这样才能将企业的综合财务状况更细致地反映出来。

（三）对现金流量表的重视不够

在利用传统杜邦财务分析体系来对企业财务状况进行分析的过程中，多以资产负债表和损益表中的资料数据为主，对现金流量表中的现金流量数据采用较少。但在实际工作中，现金流量数据对于财务分析具有非常重要的作用。通过对现金流量表进行分析，可以获取到企业现金流量的各种信息，从而更加科学、合理地评价企业经营资产的真实效率和创造现金利润的真正能力。

（四）对企业风险的分析不足

在当前市场经济环境下，企业所处内部环境和外部环境发生了较大的变化，这也增加了企业发展中的经营风险和财务风险，当前企业经营风险增加时，必然也会导致财务风险加剧。面对当前激烈的市场竞争，对企业风险进行分析变得愈发重要。但在杜邦财务分析体系中，对企业资本结构对权益净利率的影响进行反映是只以权益乘数为依据，只能反映企业的负债程度，无法对企业的经营风险和财务风险进行分析。因此，杜邦财务分析体系对企业风险的分析存在严重不足。

（五）不能反映上市公司的经济技术指标

在当前的杜邦财务分析体系中，主要以净资产收益率作为核心指标，这就使其与上市公司股东财富最大化的要求不符。对于上市公司而言，股东财富最大化是对企业未来价值的认可，其中对时间价值和风险因素都进行了有效考虑。但杜邦财务分析体系以净资产收益率为综合指标，主要是对权责发生制下财务报表的反映，因此无法对股东价值进行有效衡量。

二、杜邦财务分析体系的改进策略

（一）区分经营资产和金融资产

在对经营资产和金融资产进行区分时，主要以有无利息作为主要标志，能够取得利息的为金融资产，反之则为经营资产。在对经营负债和金融负债进行区分时，也是以有无利息作为区分的标志。企业金融负债与金融资产之间的差额则为企业净金融负债，即为债权人实际上已投入生产经营的债务成本。因此在实际工作中，可以利用管理会计资料，对成本为基础的销售利润进行分析。通过采用变动成本法，可以明确地将可控成本与不可控成本、相关成本和无关成本分开，从而为事前预测和事中控制提供更多便利。同时还能区分经营资产和金融资产，更清晰地将有息债务的债权人及所有者对企业的要求体现出来。

（二）引入现金流量表中的现金流量数据

在对杜邦财务分析体系改进过程中，需要引入现金流量，即通过利用现金流量表中的现金流量数据来作为财务分析中的现金流量指标，这样不仅可以进一步对杜邦财务体系的数据来源进行完善，实现对企业经营状况的全方位评估，而且有利于企业现金获取能力和收益质量的全面提升，有效保证企业偿债能力和支付能力。

（三）引入财务杠杆系数指标，减少财务风险

将财务杠杆系数引入到杜邦财务分析体系中来，以此来对杜邦财务分析体系进行改进，而且引入后，在杜邦财务分析体系中财务杠杆系数以倒数形式出现，而且作为权益乘数的抵减项，一旦企业负债比重增加，权益乘数则会上升，企业负债增加时利息也会随之增加，这样必然也会使财务杠杆系数出现上升，这样能够减小权益乘数变动的影响，从而降低企业财务风险。

（四）改进上市公司的经济技术指标

上市公司财务指标以每股收益、每股净资产和股东权益净利率为主，而且这三项财务指标也是证券信息机构定期公布上市公司排行榜的重要依据。这其中，每股收益最能反映上市公司的管理能力，因此可以将其作为财务指标中的核心指标，针对这三项指标

之间的关系对企业原来的模式进行调整，使每股净资产与股东权益净利率相乘，得到每股收益。上市公司的盈利能力以每股收益作为最重要的财务指标，能够对普通股获利水平进行反映，会对上市股价行情带来一定的影响。如果企业能实现每股收益最大，也就表明实现了股东财富最大化，这也证明每股收益与企业股东最大化的财务管理目标相符。

三、杜邦财务分析体系在企业经营管理中的运用

在经济快速发展的背景下，如何确定企业发展方向是企业目前面临的一个重要问题。杜邦财务分析体系正是分析企业发展的有效方式，充分利用杜邦财务分析体系有利于企业提高管理效果，通过金融比率功能分析企业整体财务情况，有利于企业提升财务分析效率和质量。目前，杜邦财务分析体系在实际应用中存在一定弊端，因此对杜邦财务分析体系进行研究很有必要。

（一）杜邦财务分析在企业经营管理中的重要作用

1.财务目标分析

杜邦财务分析体系是一种财务分析方法，是由美国杜邦公司开发研制的，在企业财务管理中具有一定的优势，杜邦财务分析体系最大的特点是能够将企业发展中各项财务指标结合起来，使各财务指标之间能够有效衔接，同时也能够对各项指标之间的内在联系进行探索，分析影响指标变动的各项因素，为企业经营管理者决策提供数据依据。从企业财务分析的目标出发，杜邦财务分析体系主要包括以下两个方面，分别是决策有用观和受托责任观。决策有用观是指通过财务分析为企业管理者提供数据信息，为信息使用者提供财务报告以及分析数据，其中包括企业经营过程中实际的现金流量数据与业务动态、企业资源变动等信息，为决策提供数据支持。而受托责任观是指将企业管理者作为受托主体，替受托方承担企业经营管理职责，并承担着向受托方反馈企业实际经营情况的责任。无论是决策有用观还是受托责任观，从本质上来说都是为了实现企业利益最大化而实施的管理方法，既要满足企业的实际发展需求，又要符合企业利益相关者的要求。

2.在企业经营管理中运用杜邦财务分析体系的可行性

杜邦财务分析体系从开发到实践的整个过程中，经过不断实践、优化、修改，逐渐形成了一套完善的财务分析体系。杜邦财务分析体系可以将企业发展过程中的财务比率进行分析、整合，使其成为一个整体模块或框架。在企业管理中通过应用杜邦财务分析体系，能够对企业的整体运营情况自上而下地详细分析，其中包括企业的盈利能力、运营效果、资产、负债等信息，并且能够对各项指标的影响因素进行详细分析。在企业管理过程中，需要对企业的经济效益、财务政策等进行分析和评价，将杜邦财务分析体系应用到实际财务管理中，可以将分析结果以数据报表的形式呈现出来，有利于企业管理人员更加细致地了解企业的资源分配、收入支出等情况。另外，杜邦财务分析体系能够分析出企业经营中存在的财务风险以及影响因素，为企业信息使用者提供风险处理和预防依据，为企业发展提供数据保障。

综上所述，在企业管理中，杜邦财务分析体系有较强的可行性、适应性，对企业未来的发展有重要作用。

（二）杜邦财务分析体系在企业经营管理中应用的现状

1.跟不上企业发展进程

在企业管理过程中应用杜邦财务分析体系，可以在一定程度上促进企业的发展，可以充分反映出企业的实际财务水平以及实际管理情况。但是在时代快速发展的背景下，企业外部环境不断变化，在这样的情况下，企业的管理模式就需要不断优化和完善，企业对相关技术进行了升级调整，这就导致传统杜邦分析体系无法满足企业快速发展的需求，因此，杜邦分析体系在企业实际管理应用中仍旧存在一些问题亟待解决。例如，传统杜邦财务分析体系并没有充分考虑到企业发展的长远目标，缺少对企业发展的具体分析。在市场竞争越来越激烈的背景下，企业要想长远稳定地发展下去，就需要清楚自身实际发展情况，传统杜邦分析体系虽然具备第三方财务分析能力，可以对企业盈利、偿债等能力进行分析，但是无法对企业未来的发展能力进行分析和评价。

2.未包含现金流指标

一般情况下，企业财务分析报告包括资产负债表、利润表、现金流量表三种，从这三种财务报表中能够清楚地了解到企业财务管理情况以及阶段性管理效果，但是传统杜邦分析体系提供的财务报表只有资产负债表、企业利润表两种财务报表，缺少财务现金流量表，也就无法分析出企业的阶段性经营状况以及企业的阶段性现金使用情况。另外，现金流量也能够体现出管理者的阶段性管理效果。企业资产负债表和利润表都是静态财务报表，虽然能够分析出企业的经营情况，但是也只能从静态的角度进行分析，具有一定的局限性。而企业处在不断发展中，具有动态的特点，这就导致企业实际利润数据与企业当前发展存在不相符的情况，这样很容易误导信息使用者。为此，需要编制现金流量表，以此获取企业阶段性动态经营现状，减少人为因素对企业发展产生的影响，进而发挥出企业财务报表的最大价值。

3.缺乏预留利润分析功能

企业在日常管理过程中，会根据企业经营情况对纯利润进行处理，同时也会采取相应措施处理企业亏损问题，在此基础上，对企业各个股东进行分红。但是如果仅应用杜邦财务分析体系，则很难实现这一目的。杜邦财务分析体系并不具备分析和评价股东分红的功能，而对股份制的企业而言，股东分红是一项必不可少的工作内容。杜邦财务分析体系只是对企业管理情况进行整体分析，虽然能够高效、快速地分析出企业的实际经营水平，但是对企业的内部具体信息无法深入分析，并没有充分考虑到股东分红这个问题，在股份制企业中应用效率不高。

（三）企业经营管理中杜邦财务分析体系应用优化对策

1.纳入可持续增长率

在对企业进行财务分析的过程中，可以将可持续发展增长率作为企业重点指标，基于此构建企业发展的财务分析体系，也被称为"可持续发展财务分析体系"。从分析逻辑角度出发，杜邦财务分析体系是对企业经营管理过程中的各项指标进行层层分析，基础财务指标分析包括企业总资产周转率、净销售利率、权益乘数、留存收益。可持续增长率能够充分体现出企业的实际经营水平、管理能力、盈利能力以及资本结构对企业稳定发展的影响。可持续增长率的计算公式如下：

可持续增长率=权益净利率×（1－股利支付率）

=总资产周转率×权益乘数×销售净利率×留存收益比率

另外，股利表示的是现金股利，并不包括股票股利和资本公积、盈余公积转增所产生的股本。这主要是由于上述所产生的股本对股东的实际权益并没有任何影响，只有现金股利才能够对股东权益产生实际影响。现金股利分配工作可以充分体现企业经营对股东投资的回馈情况，一定程度上也会减少股东权益。从企业当年税后净利润中扣除需要向股东支付的现金股利之后余额，就是企业当年经营管理所留存收益金额，这也是企业在不通过股本和资本公积时，股东权益所增加的总额。为此，在企业管理中应用杜邦财务分析体系可以纳入可持续增长率，这样不仅可以在利润分配下对股东投资回报情况进行分析，也能够充分体现企业经营活动所带来的资本积累和经济效益，促进企业可持续发展。

2.融入预留资金分析功能

杜邦财务分析体系最明显的一个优势是能对企业整体收入和实力进行分析，但缺乏实时分析功能以及预留资金分析功能。在企业发展的过程中，无论是流动资金还是预留资金，对企业发展都至关重要，然而传统的杜邦财务分析体系无法满足二者的需求。为此，企业在应用杜邦财务分析体系时可以对体系进行优化，融入预留资金分析功能，积极引进更多的企业发展数据，以此完善企业预留资金核算功能。尤其是对股份制企业而言，流动资金变化较大，在这样的情形下，企业预留资金就格外重要，企业预留资金不仅是一个企业发展的经济基础，也是提高企业竞争实力的重要因素，因此，企业预留资金信息处理功能十分重要。如果一个企业的预留资金无法保证，就很有可能导致企业出现资金链断裂的问题，这对一个企业的稳定发展会产生毁灭性的冲击。

通过杜邦财务分析体系能够分析企业的发展前景，为企业管理者提供投资决策支持，同时也有利于企业对存在的问题和风险进行处理，进一步推动企业稳定发展。此外，上述公式也可以针对不同企业进行分析，可以根据企业的实际情况对公式进行调整，以此提高杜邦财务分析体系的实用性。杜邦财务分析体系优化后，能够对企业预留资金比率重新核算，进而反映企业实际发展水平，有利于提高企业管理者对企业未来发展的认知，促使企业管理者更加了解自己公司未来的市场价值。在杜邦财务分析体系的实际应用过程中，通过创新流动资金等处理方式，能够有效解决传统杜邦分析法无法全面分析企业发展的问题，促使杜邦财务分析体系切实实现"全面"分析功能，为管理者掌握和分配企业资源提供更好的技术支持，使企业整体管理水平和管理效果得以提升。

第二节 沃尔评分法

一、沃尔评分法的概念

沃尔评分法是亚历山大·沃尔在 1928 年提出的，是指将选定的财务比率用线性关系结合起来，并分别给定各自的分数和权重，然后通过与标准比率进行比较，确定各项指标的得分及总体指标的累积分数，从而对企业的信用水平做出评价的方法。它的基本思路是：首先选择若干个财务比率，并分别赋予一定的分数和权重；然后确定各个比率的标准值，并用比率的实际值与标准值相除得到的相对值乘以权重，计算出各项比率的得分；最后将各个比率的得分加总即得到评价对象的总分数。该方法选择若干财务比率，分别给定了在总评价中所占的比重，总和为 100 分；然后确定标准比率，并与实际比率相比较，评出每项指标的得分；最后求得总评分。若实际得分超过 100 分，则说明企业的财务状况良好；反之，则说明企业的财务状况较差。它在实践中得到广泛的应用，诸多企业都在实际工作中将沃尔评分法作为评价企业财务状况的重要方法。

二、沃尔评分法存在的问题

首先，由上述定义可知，沃尔评分法的第一个步骤就是要根据需要选定特定的财务比率。沃尔最初共选择了 7 个指标，分别为流动比率、产权比率、固定资产比率、存货周转率、应收账款周转率、固定资产周转率和自有资金周转率。沃尔认为这些指标分别能代表着企业的偿债能力、营运能力和盈利能力。但是沃尔提出的这 7 个财务指标已很难以完全适用于当前企业评价的需要。因此，现在企业选择指标时要求偿债能力指标、营运能力指标、盈利能力指标和发展能力指标均要涉及。相对来说，现在的沃尔评分法的自由度较大。这种选择有好处亦有坏处。好处在于，企业可以根据自己公司的实际情况选择更具代表性的指标来进行对比，坏处在于选择权放在企业自己手中，就带有了主观色彩。为什么选择这个指标而不选择那个指标，这些都仅凭财务人员自己的经验进行分析，如果财务人员经验丰富，同时也足够客观公正，选择的指标则能充分反映企业的财务情况；若财务人员过于自信和主观，选择的指标很多时候也只能片面地反映企业的财务情况。因此，沃尔评分法的一个缺陷就在于对财务比率的选择有较强的主观随意性。

其次，沃尔评分法的第二步是给财务比率分配分数和权重。在分配分数和权重的问题上，沃尔评分法仍然无法很好地解决选择上的主观随意性较强的问题。

最后，沃尔评分法的评分规则不够合理。从沃尔评分法的评分规则上看，比率的实际值越高，其单项得分就越高，企业的总体评价就越好，但是这并不符合企业的实际。众所周知，企业的流动比率并非越高越好，有的企业的流动比率若是超过某一个特定的数值，反而会对企业的盈利能力与发展能力造成不利的影响，并且会削弱其长期偿债能力，因此，企业的流动比率与沃尔评分法的评分规则是自相矛盾的。如果所选择的某项指标出现严重异常时，会对总评分产生重大影响。因此，在应用沃尔评分法评价企业综合财务状况时，必须注意技术性因素对总评分的影响，否则会得出不正确的结论。

三、对沃尔评分法的改进建议

首先，财务比率的选择需要有一个相对系统、全面、灵活而有针对性的框架。系统性指的是财务比率要兼顾企业的偿债能力、营运能力、盈利能力、发展能力等方面；全面性指的是要选择足够的、能较为充分地衡量企业各种能力的财务比率；灵活性和针对性是指可以根据不同的分析目的，对所赋予的权重进行灵活的调整。

其次，各财务比率权重的分配要仔细谨慎，要认清评价的目标，分清评价的重点。同时还要注意财务比率之间的联系，越是基础的比率越要对其赋予较高的权重。例如，在反映企业短期偿债能力的财务比率中，就要给速动比率赋予比流动比率更高的权重。同时为了防止财务比率过高造成的不利影响，最好根据行业特点，给财务比率设置一个合理的区间，以免个别指标异常，对总分造成消极的影响。

最后，相应地改进评分规则。其中，标准比率的确定以本行业平均数为基础的，可以在此基础上进行适当的理论修正。此外，给分时采用"加"和"减"来处理，以降低某一指标严重异常对总评分产生的重大影响。具体得分计算可改进为以下方法：

每分比率=（行业最高比率－标准比率）/（最高评分－评分值）

综合得分=评分值+调整分

调整分=（实际比率－标准比率）/每分比率

四、沃尔评分法在证券公司的实际应用

随着证券行业基础功能的扩展，收入结构进一步多元化，证券行业的整体盈利能力大幅提升；同时中国经济和金融改革、市场化监管及创新业务的实践，也使得证券行业发展迎来新的战略机遇期。证券公司作为证券行业最主要的金融机构，需要有一套完善的绩效评估方法对其综合管理能力进行评价，从而促进证券公司与行业共同发展。证券行业有较为丰富的行业排名指标，数据也较为公开。沃尔分析法，是将多个财务指标通过线性组合，形成综合的分值来评判企业的整体绩效水平，它克服了利用单一指标评价企业发展的片面性，从全局的角度对企业的财务状况进行定量分析，有助于提升证券公司的管理能力。

（一）构建证券行业的沃尔评分法绩效评估体系

1.选择沃尔评分法的主要原因

沃尔评分法的特点是可以将若干财务指标通过线性组合，同时分配合理的权重，从而形成综合性的评分，来综合评价企业的经营情况。采用沃尔评分法，既可以对企业的发展进行分类、分项评价，又可以进行全面的综合评价，能更为真实有效地衡量和评价企业的经营情况。基于证券行业单个指标较为丰富的现状，选用沃尔分析法，可针对原有的点、线的分析，补充面的分析部分，从而构建立体的评价分析体系。

2.应用沃尔评分法的主要思路

首先，根据行业特点选取指标数据。从盈利能力、负债能力、发展能力三个方面多维度地选取行业中重要的 10 个财务指标，以行业平均水平的标准值作为参照，用证券公司实际的指标值与标准值对比，标准分为 100 分。

其次，平衡三个方面的权重及各指标的权数。用近年的数据进行测算并汇总评分，不断修正数值，从中选定能真实反映企业经营情况的最客观的评分方案，建立评分体系。

评分在 100 分之上，说明企业绩效较好，高于行业平均水平；低于标准分越多，则说明企业财务绩效水平越差。

3.具体应用模式的搭建

（1）评价指标体系的确立

①选取评价指标。评价指标的选取，应遵循沃尔评分法的一般原则。考虑到证券行业的特点，资产负债结构中大部分为客户资产，资产运营类指标不甚适合。因此，应从盈利能力、偿债能力和发展能力三个方面选取证券行业财务评价指标。

盈利能力指标包括净资产收益率、净利润率、人均创利、收入支出率、成本管理能力。

偿债能力指标包括自有资产负债率、财务杠杆系数。

发展能力指标包括营业收入增长率、净利润增长率、资产增长率。

②设置指标权数。指标权数的设立，应建立在对证券行业特点的认识及对证券公司具体业务、规划了解的基础上，同时还应加上一定的职业判断，综合确定指标的权数。

净资产收益率，是证券公司的核心竞争力指标，因此权数最大，设为20%。

财务杠杆系数，用来衡量券商利用杠杆撬动效益的能力，权数设为15%。

净利润率、成本管理能力是行业关注的指标，权数设为10%；鉴于证券公司目前仍处于发展阶段，其发展能力的三项指标，权数均设为10%。

人均创收、收入支出率及自有资产负债率，在权重中占比最少，权数设为5%，如表6-1所示：

表 6-1 沃尔评分法权重分配表

评价内容	权数	基本指标	评价步骤
		指标	权数
			1
盈利能力	50	净资产收益率	20
		净利润率	10
		人均创利	5
		收入支出率	5
		成本管理能力	10

评价内容	权数	基本指标	评价步骤
		指标	权数
			1
偿债能力	20	自有资产负债率	
		财务杠杆系数	
发展能力	30	营业收入增长率	
		净利增长率	
		资产增长率	
合计	100		

③确定标准值。以评价期证券行业平均指标（最近三年各年行业平均指标）为标准参数，达到行业平均水平则为标准分 100 分。

④计算指标的实际值。采用公司评价期的数据（在实际数据基础上有调整）测算比例，并分别代入指标模型。

⑤求出评价指标实际值和标准值的相对比率。

⑥求出评价指标的总和分数，初步搭建指标体系。

（2）对沃尔评分法的改进

由于沃尔评分法对指标的选取及权重的确定具有一定的主观性，因此需要根据不同行业、不同企业的特点进行调整，以适应企业的自身情况。

在传统的沃尔分析法中，盈利能力、偿债能力和发展能力三大方面的比重为 5∶3∶2，结合证券行业风险监控较严、财务风险小的状况，将比重调整为 5∶2∶3，加大发展能力的权重。

在指标的选取上，按照证券行业的特点，选取证券行业关注的指标，并将指标增加到 10 个。

对实际得分，仍采用实际值与标准值对比的方式，而未采用行业最高的财务指标与该指标标准值相减后除分差计算标准分单位比率的方法。

个别指标严重异常时，会对整体评分产生不合逻辑的重大影响，会影响指标的真实性。因此，为防止个别指标的巨大变动对整体评分产生较大影响，对每项指标的得分设置了上限值（标准评分的 1.5 倍）和下限值（标准评分的 0.5 倍），平滑了整体评分。

当企业出现亏损时，以利润作为分子的指标的评分均为零，不再有下限的限制。一是利润指标是核心，二是可以更客观地反映企业财务的真实情况。

如果选取指标值的高低和企业的财务状况的好坏呈正比关系，则该指标的属性为正；如果该指标值的高低和企业的财务状况的好坏呈反比关系，则该指标的属性为负。对于发展能力标准值与实际值出现同时负数的情况，将指标属性设为负，用实际数/标准值来计算得分并确定指标模型。

（二）沃尔评分法应用的建议

（1）要结合市场环境、行业发展状况、公司战略方向及阶段性经营指标的变化，及时对相关指标和权重进行调整，以符合公司业务发展的需要。选取的关键财务指标，需要契合行业发展和公司特点，客观公正，综合性强；对指标的权重加以多组合测试，结合多种数据形态，选取最能反映综合绩效情况的模型。

（2）由于沃尔评分法选取的都是财务指标，非财务指标暂未包含其中，建议适当地增加业务数据等非财务指标，作为对财务指标的有效补充，使得系统的构建更综合、全面。

（3）沃尔分析法是综合性的定量分析，特别适用于不同企业之间做对标分析。对于实行集团化管控的证券公司，可以将其运用于分支机构的评价中，建立营业部的沃尔评分体系，促进证券公司一体化管理，有效提升证券公司整体的绩效管理水平。

表 6-2 调整后的沃尔评分法指标体系

评价内容	权数	基本指标		评价步骤			
		指标	权数	标准值	实际值	关系比率	实际得分
			1	2	3	4=3/2	5=4×1
盈利能力	50	净资产收益率	20	6.5%	5.2%	0.8	16.00
		净利润率	10	36.37%	35%	0.96	9.62
		人均创利	5	54.86	50	0.91	4.56
		收入支出率	5	55.29%	52%	1.06	5.32
		成本管理能力	10	1.308	2.5	1.50	15.00

评价内容	权数	基本指标	评价步骤				
		指标	权数	标准值	实际值	关系比率	实际得分
			1	2	3	4=3/2	5=4×1
偿债能力	20	自有资产负债率	5	63.64%	12.3%	0.5	2.50
		财务杠杆系数	15	2.75	1.67	0.61	9.11
发展能力	30	营业收入增长率	10	−4.95%	−5%	0.99	9.90
		净利增长率	10	−8%	−8.2%	0.98	9.76
		资产增长率	10	6.06%	5%	0.83	8.25
合计	100		100				90.01

表 6-3 营业部沃尔评分法指标体系初步设想

评价内容	权数	基本指标	评价步骤
		指标	权数
盈利能力	50	手续费收入贡献度	15
		利润贡献度	15
		利润率	10
		收入费用率	10
运营能力	30	市场占有率%	10
		平均资产周转率%	7
		平均佣金费率%	3
发展能力	20	证券经纪业务净收入增长率	10
		客户资产规模增长率	10
		市场占有率增长率	10
合计	100		100

第三节 财务报表分析报告的撰写

一、财务报表分析报告的概念和作用

财务报表分析报告是在财务分析的基础上，概括、提炼出反映企业财务状况和财务成果意见的说明性和结论性的书面文件。

财务分析人员将财务分析和评价的结果向财务报表的使用者报告，便于企业经营者、投资者及其他有关单位或个人了解企业的财务状况和经营成果，进行投资、经营、交易等决策。财务报表分析报告作为对财务分析工作的总结，还可以作为历史信息，供财务分析者参考，以保持整个财务分析工作的连续性。

财务报表分析报告是财务分析人员的最终工作成果，其撰写质量的高低，直接反映分析人员的业务素质。写好财务报表分析报告的重要作用表现在以下几个方面：

（1）有利于利益相关者掌握企业的财务状况、经营成果和现金流量状况，从而为相关项目决策提出指导性意见。

（2）有利于企业制定出符合客观经济规律的财务预算。

（3）企业可依据财务报表分析报告制定经营管理工作的具体措施，有利于提高企业的财务管理水平。

（4）政府有关部门通过企业财务报表分析报告，可以了解企业在经营中遵守法规制度、经济政策的情况，从而为政府制定宏观经济政策提供可靠的信息。

二、财务报表分析报告的分类

（一）按分析的内容来划分

1.全面分析报告

全面分析报告又称综合分析报告，是企业依据财务报表提供的丰富、重要的信息及其内在联系，运用一定的科学分析方法，对经济活动进行全面、系统的分析后形成的报告。一般主要适用于季度、半年度和年度分析报告。其主要特点是内容丰富、涉及面广，对报表使用者做出各项决策有深远的影响。它具有以下两个方面的作用：

（1）为当前企业财务管理及宏观上的重大财务决策提供科学依据。由于全面分析报告几乎涵盖了对企业财务各项指标的对比、分析和评价，通过分析，能够对企业经营成果和财务状况一目了然，及时发现存在的问题。因此，全面分析报告为企业的经营管理者做出当前和今后的财务决策提供了科学依据，也为政府部门、企业主管部门、投资者、债权人提供了多方面的财务信息。

（2）作为今后进行财务管理动态分析等的重要历史参考资料，全面分析报告主要在进行半年度、年度分析时撰写，必须对分析的各项具体内容的轻重缓急做出合理安排，既要全面又要抓住重点，还要结合上级主管部门和财税部门的具体要求进行，切忌力量均等、事无巨细、面面俱到。

2.简要分析报告

简要分析报告是围绕几项主要财务指标或抓住一两个重点问题进行分析，用以揭示企业财务状况和经营成果变化趋势，提出改进建议的书面报告。其具有简明扼要、切中要害的特点，主要适用于定期分析，可按月、按季编制。

3.专题分析报告

专题分析报告又称单项分析报告，是指针对某一时期企业财务活动中的某些关键问题、重大经济措施或工作中的薄弱环节等进行专门分析后形成的书面报告。具有内容统一、分析透彻、针对性强、反应及时等特点。它是不定期的分析报告，可以随时使用。

（二）按分析报告的编写时间来划分

按分析报告的编写时间划分，财务报表分析报告可分为定期分析报告和不定期分析报告。定期分析报告一般是由上级主管部门或企业内部规定的每隔一段相等的时间应予以编写和上报的财务分析报告，如每半年、每一年编写的综合财务分析报告就属于定期分析报告。

三、财务报表分析报告的主要内容

由于各分析主体的分析目的各有不同，所以撰写的分析报告内容也各有侧重。一般来讲，财务报表分析报告应包括以下内容：

（一）公司基本情况概要

概括介绍公司的基本情况，说明公司运营及财务的现状，让报表使用者对公司有一个基本的了解和认识。首先，明确财务报表分析报告的分析期，简要介绍公司分析期的运营情况和财务现状；其次，概要介绍企业计划（预算）完成情况和各项经济指标完成情况。

（二）对公司的财务状况和经营成果进行分析

对公司的财务状况和经营成果进行分析，主要是对公司的资产结构、资本结构、资产使用效率、偿债能力、收入与成本费用、盈利能力、发展能力、现金流量情况等内容进行分析。这是分析报告的核心内容。一般在说明问题的同时还要分析问题，寻找产生问题的原因，以达到解决问题的目的。

财务报表分析一定要善于抓住要点，有理有据，要细化分解各项指标，因为有些报表的数据是比较含糊和笼统的，要善于运用表格、图示等形式，生动、形象、直观地表达分析内容，使分析结果明了易懂。

（三）总结评价

在分析研究的基础上，从财务的角度对企业的经营情况、财务状况和经营业绩进行客观、公正的评价和预测。财务评价不能运用不负责任的语言；评价既可以单独分段进行，也可以将评价内容穿插在情况介绍部分和具体分析部分。

（四）提出建议

通过财务报表分析，发现企业存在的主要问题，有针对性地提出改进的意见和建议。分析人员要在财务分析和评价后，针对公司经营运作过程中存在的问题提出改进的建议。值得注意的是，财务报表分析报告中提出的建议不能太抽象，应明确、具体，最好有一套切实可行的实施方案。

四、财务报表分析报告的撰写步骤

财务报表分析报告的撰写步骤可分为资料收集整理、财务报表分析报告选题、财务报表分析报告的撰写和审定三个阶段。

（一）资料收集整理阶段

资料收集整理阶段是一个调查的过程，全面、深入的调查是科学分析的前提。财务分析人员要根据财务报表分析报告的类型、报送对象，确定需要收集的资料。需要收集的资料包括各类财务资料、业务资料、报纸杂志公布的行业资料以及其他资料。

各类资料收集完以后，要加以整理、核实，以保证其合法性、正确性和真实性，同时要根据财务报表分析报告的内容要点进行分类。整理核实资料是财务分析工作的中间环节，起着承上启下的作用。

（二）财务报表分析报告选题阶段

标题是对财务报表分析报告最精炼的概括，它不仅要确切地体现分析报告的主题思想，而且要用语简洁、醒目。由于财务报表分析报告的内容不同，其标题也就没有统一标准和固定模式，财务分析人员应根据具体的分析内容而定。例如，"××月份简要会计报表分析报告""××年度综合财务报表分析报告""资产使用效率分析报告"等，都是较为合适的标题。一旦确定了标题，财务分析人员就应围绕选取的标题，利用所收集的资料进行分析，撰写财务报表分析报告。

（三）财务报表分析报告的撰写和审定阶段

在收集整理好资料、确定了分析报告的标题后，就可以根据报告使用者的需要撰写财务报表分析报告。这个阶段的首要工作就是起草报告，起草报告应围绕标题并根据报告的结构进行。对于专题分析报告的起草，财务分析人员要将问题分析透彻，真正地分析问题、解决问题。对于综合分析报告的起草，财务分析人员最好先确定报告的提纲，然后在提纲的基础上，依据所收集整理的资料，选择恰当的分析方法进行撰写。

　　财务报表分析报告的初稿可交主管领导审阅，并征求主管领导的意见和建议，反复推敲，不断进行修改，从而充实新的内容，使之更加完善，更能反映出财务报表分析报告的特点，直至最后由主管领导审定。审定后的财务报表分析报告应填写公司名称和撰写日期，并加盖公司公章。

参 考 文 献

[1]陈建明. 经济管理与会计实践创新[M]. 成都：电子科技大学出版社，2017.

[2]董俊岭. 新经济环境背景下企业财务会计理论与管理研究[M]. 北京：中国原子能出版社，2018.

[3]郭泽林. 新形势下企业经济管理的创新策略[M]. 北京：九州出版社，2017.

[4]冷芳. 会计信息系统架构的研究：基于财务会计概念框架视角[M]. 成都：电子科技大学出版社，2015.

[5]范时云. 会计电算化应用能力训练[M]. 成都：西南财经大学出版社，2021.

[6]马永强. 财务管理[M]. 北京：高等教育出版社，2021.

[7]胡北忠. 高级财务会计[M]. 北京：科学出版社，2020.

[8]刘金星. 管理会计[M]. 沈阳：东北财经大学出版社，2020.

[9]隋志纯，范抒. 管理会计[M]. 北京：清华大学出版社，2020.

[10]周阅，丁增稳. 管理会计实务[M]. 2 版. 北京：高等教育出版社，2020.

[11]孔德兰. 管理会计实务[M]. 2 版. 沈阳：东北财经大学出版社，2020.

[12]杜燕蓉. 会计改革与会计管理研究[M]. 北京：北京工业大学出版社，2020.

[13]王瑾. 企业财务会计管理模式研究[M]. 北京：北京工业大学出版社，2017.

[14]王曙光，杨爱义. 会计模拟实验教程[M]. 北京：中国财政经济出版社，2002.

[15]王毅，王宏宝. 财务管理项目化教程[M]. 2 版. 北京：北京理工大学出版社，2015.

[16]孙栋梁. 财务报表分析在企业财务管理中的作用[J]. 中国乡镇企业会计，2016（6）：94-95.

[17]王凤. 新时代下企业财务管理中财务报表分析的重要性研究[J]. 商场现代化，2016（3）：182-184.

[18]李旻旸. 浅谈财务报表分析在企业财务管理中的作用[J]. 商场现代化，2016（3）：200-201.

[19]黄卫民. 财务报表分析在企业财务管理中的运用实践微探[J]. 中国国际财经（中英文），2017（19）：161-162.

[20]岳巍. 企业财务报表分析在财务管理中的作用[J]. 纳税，2018（14）：84.

[21]刘艳慧. 施工企业财务管理中的财务报表分析重要性分析[J]. 商讯，2021（30）：55-57.

[22]姜敏. 施工企业财务管理中的财务报表分析重要性研究[J]. 纳税，2020，14（32）：121- 122.

[23]田慧凤. 财务报表在建筑施工企业经营管理中的作用[J]. 质量与市场，2020（5）：53-55.

[24]冯亮. 施工企业财务报表分析应用现状及改进措施[J]. 西部财会，2018（8）：30-32.